Katharina Hoba, Gesa Löbbecke

Judentum

Pocket Thema

Cornelsen
SCRIPTOR

Die Autoren
Katharina Hoba hat Erziehungswissenschaften und Jüdische Studien studiert. An der Universität Potsdam arbeitet sie für das Kollegium Jüdische Studien.
Gesa Löbbecke hat sich während ihres Studium der Vergleichenden Religionswissenschaft in Deutschland und Israel schwerpunktmäßig mit dem Judentum befasst. Sie arbeitet bei einer deutschen Stiftung in Berlin.

Cornelsen online http://www.cornelsen.de

Gedruckt auf chlorfrei gebleichtem Papier
ohne Dioxinbelastung der Gewässer.

Die Deutsche Bibliothek - CIP-Einheitsaufnahme
Hoba, Katharina:
Judentum / Katharina Hoba; Gesa Löbbecke. - Berlin : Cornelsen Scriptor, 2002
(Pocket Thema)
ISBN 3-589-21619-0

Dieses Werk berücksichtigt die Regeln der reformierten Rechtschreibung und Zeichensetzung.

5. 4. 3. 2. 1. € Die letzten Ziffern bezeichnen
06 05 04 03 02 Zahl und Jahr der Auflage.

Redaktion: Gabriele Teubner-Nicolai, Berlin
Umschlaggestaltung: Bauer + Möhring, Berlin, unter Verwendung eines Fotos von Anja Möhring, Berlin
Layout und Herstellung: Julia Walch, Bad Soden
Druck und Bindearbeiten: Clausen & Bosse, Leck
Printed in Germany
ISBN 3-589-21619-0
Bestellnummer 216190

Inhalt

Vorwort

Judentum – was ist das? Den meisten wird wahrscheinlich einfallen: Klezmermusik, Holocaust, Israel, schwarzgekleidete Männer mit Bart und Schläfenlocken, koscheres Essen, ungesäuertes Brot. All dies hat natürlich etwas mit Judentum zu tun. Aber das Judentum ist viel mehr. Es hat eine Jahrtausende alte Geschichte, in deren Verlauf es einen großen Reichtum an Traditionen, Geschichten, philosophischen Ideen und interessanten Menschen hervorgebracht hat. Dieses Buch soll einen kleinen Einblick in die faszinierende Welt des Judentums bieten. Der Hauptteil des Buches beschäftigt sich mit dem religiösen Leben des traditionelle Judentums, aber es wird immer wieder auf die zahlreichen Unterschiede und Facetten der verschiedenen religiösen Richtungen hingewiesen. Die meisten Juden in Deutschland leben – wie viele Christen – ein modernes, weltliches Leben und unterscheiden sich in ihrer Lebensgestaltung wenig von ihrer nichtjüdischen Umgebung. Sie feiern die jüdischen Feste, Gebote und Bräuche werden jedoch nur noch von wenigen befolgt. Doch auch diese sind Teil des einzigartigen Erbes einer häufig verfolgten Religion.
Ein Teil des Buches ist dem jüdischen Leben im deutschsprachigen Raum gewidmet. Während wir am Manuskript schrieben, bemerkte eine Dame, die uns nach dem Thema unseres Buches gefragt hatte: „Ach so, Judentum. Ja, meine Tochter behandelt diese Zeit auch gerade in der Schule.“ Diese Reduzierung des Judentums auf die schrecklichste Zeit seiner Geschichte, den Holocaust, ist gerade in Deutschland nicht unüblich. Die Beschäftigung mit der Nazizeit ist zwingender Bestandteil des Unterrichts an deutschen Schulen. Die wenigsten wissen jedoch etwas über das rege Leben in den wiederaufblühenden jüdischen Gemeinden. Neben der reichen Tradition gibt es auch das im deutschsprachigen Raum immer noch und wieder lebendige Judentum zu entdecken.

Grundlagen des Judentums

Gott und Tora

Im Mittelpunkt der jüdischen Lehre steht der Glaube an den einen Gott (Monotheismus). So beginnt das zentrale Gebet des Judentums, das ***Schma Israel*** mit den Worten „Höre Israel, der Herr ist unser Gott, der Herr ist einzig...“. Es fordert dazu auf, diesen einen Gott uneingeschränkt zu lieben.

Das Schma Israel
(in der Übersetzung von Leopold Zunz, Dt 6, 4-9)

Höre, Jisrael, der Ewige unser Gott ist ein einiges ewiges Wesen.
Und du sollst lieben den Ewigen deinen Gott mit deinem ganzen Herzen, und mit deiner ganzen Seele, und mit deinem ganzen Vermögen.

Und es sollen diese Worte, die ich dir heute gebiete, in deinem Herzen sein,
Und du sollst sie einschärfen deinen Kindern und davon reden, wenn du sitzest in deinem Hause und wenn du gehest auf dem Wege, und wenn du dich hinlegst, und wenn du aufstehst,
Und du sollst sie binden zum Wahrzeichen an deine Hand, und sie sollen sein zum Denkbande zwischen deinen Augen,
Und du sollst sie schreiben auf die Pfosten deines Hauses, und an deine Tore.

Dieses Gebet enthält die wichtigsten Grundsätze der jüdischen Lehre:

- die Liebe zu Gott,
- die Bewahrung der Tora („diese Worte"),
- die Weitergabe der Tora an die nachfolgende Generation,
- die ständige Beschäftigung mit der Tora (Studium),
- die Einbindung der Tora in den Alltag und damit vor allem das alltägliche Befolgen der Gebote (Mizwot, s. S. 12).

Die Bedeutung der eigenen Geschichte
Die Tora enthält nicht nur die Gebote Gottes, die das tägliche Leben bestimmen, sie erzählt auch die Geschichte von den Anfängen des jüdischen Volkes. Daher beinhalten Bewahrung, Weitergabe und Studium der Tora auch eine ständige Beschäftigung mit der Geschichte. (vgl. die Feiertage)

Der Bund

Am Anfang der Geschichte des Volkes Israel steht der ***Bund*** mit Gott: Diesen schließt Gott zunächst mit ***Abraham,*** dem Stammvater des jüdischen Volkes, für ihn und seine Nachfahren (Gen 17). Gott macht das Volk Israel zu seinem auserwählten Volk. Nachdem Gott die Israeliten aus Ägypten geführt hat (Exodus), bestätigt er am Berg Sinai seinen Bund und offenbart ***Moses*** die Tora. Auf Hebräisch werden die Tafeln, auf denen die ***Zehn Gebote*** geschrieben stehen, daher „Tafeln des Bundes" ***(Luchot ha-Brit)*** genannt. Das Volk verpflichtet sich dazu, die Gebote einzuhalten: *„Und [Moses] nahm das Buch des Bundes, und las es vor den Ohren des Volkes, und sie sprachen: Alles, was der Ewige geredet, wollen wir tun und gehorchen."* (Ex 24, 7)

Erwartung eines Messias

Wer sich mit seiner Geschichte und den Anfängen beschäftigt, macht sich auch Gedanken über die Zukunft. Erste An-

Ich bin der Ewige, dein Gott, der dich geführt aus dem Lande Mizrajim (Ägypten), aus dem Knechthause.

Du sollst keine fremden Götter haben vor mir.
Du sollst dir kein Bild machen. Du sollst dich nicht niederwerfen.

Du sollst nicht aussprechen den Namen des Ewigen deines Gottes zum Falschen.

Gedenke des Sabbat -Tages, ihn zu heiligen.

Ehre deinen Vater und deine Mutter, damit deine Tage lang werden in dem Lande, das der Ewige dein Gott dir gibt.

Du sollst nicht morden.

Du sollst nicht Ehe brechen.

Du sollst nicht stehlen.

Du sollst nicht zeugen wider deinen Nächsten als falscher Zeuge.

Du sollst nicht Gelüste tragen nach dem Weib deines Nächsten,
nach seinem Knecht
und nach seiner Magd,
und seinem Ochsen
und seinem Esel und allem,
was deines Nächsten ist.

Die zehn Gebote (in der Übersetzung von Leopold Zunz, Ex, 20, gekürzt)

kündigungen einer zukünftigen Welt findet man in den Büchern der Propheten (Tenach, s. S. 10 ff.). Die rabbinischen Schriften (Talmud) versprechen die Ankunft eines Messias (maschiach, hebr. „Gesalbter“), der das Ende dieser Welt und den Beginn der kommenden Welt (Olam ha-Ba) einleiten wird.

An das Erscheinen des Messias sind einige Erwartungen geknüpft: Auferstehung der Toten, Befreiung des jüdischen Volkes von Fremdherrschaft und das Ende der Diaspora (Zerstreuung), Wiedererrichtung des Tempels, Errichtung eines Reichs des Friedens, Harmonie und Einheit der Welt, Unsterblichkeit und Ewigkeit.

Wer ist Jude?

Die Frage „Wer ist Jude?“ führt immer wieder zu heftigen innerjüdischen Diskussionen. Sie ist heute eng mit der Frage verbunden, ob das Judentum eine Religion oder eine Volkszugehörigkeit darstellt.

Im Altertum waren Religion und Volkszugehörigkeit eins. Die Tora galt als religiöses und weltliches Gesetz, sie bestimmte sowohl das Verhältnis zu Gott als auch das Zusammenleben des Volkes. Dieses Volk wird in der Bibel „Volk Israel“, „Kinder Israels“ oder „Israeliten“, an manchen Stellen auch „Hebräer“, genannt. Der Begriff „Jude“ entstand aus dem Namen des Stammes Juda (Jehuda), einem der zwölf Stämme Israels.

In der Regel bestimmte die Geburt die Volkszugehörigkeit, aber schon zu biblischen Zeiten konnte man dem Volk Israel auch beitreten (z.B. durch Heirat) und seine Religion annehmen. Auch heute ist es noch möglich, zum Judentum zu konvertieren. Dies ist jedoch, wenn es nach orthodoxem Ritus geschieht, weit komplizierter als zum Beispiel der Übertritt zum Christentum.

Die Frage nach der Beziehung zwischen Volk und Religion wird heute innerhalb des Judentums sehr unterschiedlich beantwortet. Für orthodoxe und konservative Juden ist Volks- und Religionszugehörigkeit weiterhin eins. Reformierte Juden betrachten das Judentum vor allem als Konfession. Eine dritte Sichtweise sieht das Judentum vor allem als Volkszugehörigkeit. Viele Juden verstehen sich als Angehörige des jüdischen Volkes ohne dabei religiös zu sein.

Die **Halacha** (s. S. 13), das jüdische Religionsgesetz, besagt: Ein Jude ist, wer von einer jüdischen Mutter geboren wurde.

Schriften

Der Tenach

Im Mittelpunkt jüdischen Lebens stehen Bücher. Ein frommer Jude verbringt die meiste Zeit seines Lebens mit Lesen und Lernen.
Das wichtigste Buch der Juden ist die Tora. Zusammen mit den Prophetenbüchern und den Schriften bildet sie den Tenach, die jüdische Bibel. Da der Tenach überwiegend in hebräischer Sprache verfasst ist, wird er auch die ***Hebräische Bibel*** genannt.
Das Wort Tenach ist eine Abkürzung, welche die hebräischen Buchstaben für t, n und k enthält. Es sind die Anfangsbuchstaben der drei Teile, aus denen die hebräische Bibel besteht:

Tora	Newiim	Ketuwim
= Lehre, Weisung (5 Bücher Moses)	= Propheten (Samuel, Könige u.a.)	= Schriften (Psalmen, Sprüche u.a.)

Die Abbildung stellt den Tenach als Bücherregal dar. Sie verdeutlicht, dass jeder der drei Teile aus vielen einzelnen Büchern besteht. Sie erzählen die Geschichte des Volkes Israel und enthalten zahlreiche Gesetze, die das Leben der Menschen und ihre Beziehung zu Gott bestimmen.
Die einzelnen Texte des Tenach stammen aus mehreren Jahrhunderten und wurden von verschiedenen Autoren verfasst und niedergeschrieben.
Die ältesten Texte sind wahrscheinlich über 3000 Jahre alt.

TENACH – HEBRÄISCHE BIBEL

Tora = Lehre, Weisung				
Bereschit - Genesis 1. Buch Moses	Schemot - Exodus 2. Buch Moses	Wajikra - Leviticus 3. Buch Moses	Bamidbar - Numeri 4. Buch Moses	Dewarim - Deutoronomium 5. Buch Moses

Newiim = Prophetische Bücher																		
erste Propheten				spätere Propheten			zwölf kleine Propheten											
Josua	Richter	Samuel I und II	Könige I und II	Jesaja	Jeremia	Hesekiel	Hosea	Joel	Amos	Owadia	Jona	Micha	Nachum	Habakuk	Zefanja	Haggai	Sacharja	Maleachi

Ketuwim = andere Schriften											
Psalmen	Sprüche	Hiob	Hoheslied	Ruth	Klagelieder	Prediger	Esther	Daniel	Esra	Nehemia	Chronik I und II

Die Bücher des Tenach

Ungefähr seit 100 n. Chr. besteht der Tenach in seiner heutigen Form.
Vom Inhalt entspricht der Tenach größtenteils dem protestantischen ***Alten Testament,*** nur die Reihenfolge der einzelnen Bücher wurde verändert. Im Alten Testament der katholischen Kirche sind dagegen einige zusätzliche Texte enthalten.

Die Tora. Der erste Teil des Tenach, die Tora, erzählt die Geschichte des Volkes Israel von der Erschaffung der Welt bis zum Tod des Moses. Nach jüdischer Vorstellung hat Moses die Tora von Gott erhalten. Sie gilt deshalb als heilig und darf textlich nicht verändert werden.
Die Lesung aus der Tora hat einen zentralen Stellenwert im religiösen Leben der Juden. In der Synagoge wird viermal wöchentlich aus der Tora vorgelesen. Hierfür ist die Tora in 54 Wochenabschnitte eingeteilt. An jedem Schabbat wird ein neuer Abschnitt gelesen. Innerhalb eines Jahres wird so die gesamte Tora einmal durchlaufen. Den Tag, an dem der letzte Teil abgeschlossen und gleich darauf mit dem ersten Abschnitt begonnen wird, feiert man mit einem besonderen Fest: ***Simchat Tora,*** dem ***Fest der Torafreude.***

Die in der Tora enthaltenen Gesetze bilden den Kern der jüdischen Lehre. Es sind nach der Tradition insgesamt 613 Vorschriften (Mizwot), die man in 248 Verbote und 365 Gebote unterteilt.

Für die Lesung in der Synagoge werden ***Torarollen*** verwendet, die aus speziellem Pergamentpapier hergestellt sind. Von besonders ausgebildeten Toraschreibern werden die Texte per Hand auf die Rollen geschrieben. Diese Arbeit erfordert viel Konzentration und Geschick, denn eine Torarolle darf keine Schreibfehler enthalten.

Der Talmud

Die aus früherer Zeit stammenden Regeln der Tora waren im Laufe der Geschichte nicht mehr zeitgemäß, ließen sich nur schwer auf die veränderten Lebensumstände anwenden und wurden oft nicht mehr verstanden. Dies gilt vor allem für die Zeit nach der Zerstörung des Zweiten Tempels (70 n. Chr.). Durch den Verlust des Tempelkultes und der staatlichen Unabhängigkeit veränderten sich die Lebensumstände und die Voraussetzungen für das Erfüllen der Gebote erheblich. Da die Tora jedoch als das von Gott gegebene Gesetz galt, konnte man sie nicht einfach umschreiben oder erneuern. Gelehrte versuchten daher, die Regeln zu erklären und auf die veränderte Situation anzuwenden. Die Erläuterungen wurden nicht aufgeschrieben, sondern mündlich weitergegeben.

Mischna. In der Zeit der römischen Verfolgung nach der Zerstörung des Zweiten Tempels (70 n. Chr.) bestand die Gefahr, dass die mündlich überlieferten Texte verloren gehen. Daher begann man im 2. Jh., die Überlieferungen aufzuschreiben. Das dabei entstandene Werk nennt man Mischna. Mischna kommt von dem hebräischen Wort *schana*, das *wiederholen, auswendig lernen* heißt. Grundsätzlich werden im Talmud zwei Arten von Texten unterschieden: Die ***Halacha,*** die Religionsgesetze für alle Bereiche des Lebens sowie die ***Haggada,*** zu der die vielen Legenden, Gleichnisse und anderen Erzählungen gehören.

Gemeinsam mit der Mischna bildet die Gemara den Talmud.

Gemara. In den bedeutenden Zentren des Judentums im damaligen Palästina und in Babylonien diskutierten die Gelehrten die Mischna, wandten die Gesetze auf konkrete Fälle an, erforschten und ergänzten sie. Diese Erklärungen und Ergänzungen der Rabbiner nennt man Gemara.

Studium der Schriften in der Synagoge an der Westmauer in Jerusalem

Der Talmud ist kein Gesetzbuch im üblichen Sinne, sondern er enthält Diskussionen, die über Jahrhunderte geführt wurden. Zu fast allen Themen gibt es Meinungsverschiedenheiten. Vieles wird bis ins Detail begründet und häufig schweifen die Diskussionen vom Thema ab. Traditionell gilt der Talmud als „mündliche Tora". Die mündliche Tora wurde nach dieser Vorstellung dem Volk Israel gemeinsam mit der schriftlichen Tora am Berg Sinai offenbart und dann von Generation zu Generation mündlich überliefert, bis sie schließlich im Talmud aufgeschrieben wurde. Deshalb ist für orthodoxe Juden der Talmud genauso verbindlich wie die Tora.
Man unterscheidet zwei Versionen: den in Palästina entstandenen ***Jerusalemer Talmud*** und den ***Babylonischen Talmud.*** Beide waren ursprünglich gleichwertig, der eine galt in Palästina, der andere in Babylonien. Als die Gemeinden in Palästina schwächer wurden, gewann der Babylonische Talmud an Bedeutung. Heute ist er das zentrale Werk.
Der Talmud ist sehr umfangreich. Die abgebildete Seite (s. S. 15) aus dem Babylonischen Talmud verdeutlicht, wie er aufgebaut ist. Der Text in der Mitte beginnt mit Zitaten aus der Mischna. Im Anschluss daran steht der Gemaratext. Um den Kerntext herum befinden sich Kommentare späterer Gelehrter zu diesem Text.
Auf S. 16 ist der Talmud als Bücherregal dargestellt. Jedes Regalbrett zeigt eine der sechs so genannten Ordnungen, die Bücher sind die 63 Traktate, die wiederum in zahlreiche Kapitel unterteilt sind.
Die Ordnungen und Traktate des Talmud sind grob nach Themen geordnet und behandeln im Großen und Ganzen folgende Bereiche des täglichen Lebens:

1. Ordnung „*Zeraim*" (Samen): Landwirtschaft, Abgaben,
2. Ordnung „*Moed*" (Feiertage): Feiertage und Schabbat,
3. Ordnung „*Naschim*" (Frauen): Ehe und Scheidung,
4. Ordnung „*Nesikin*" (Schäden): Verbrechen, Strafen,
5. Ordnung „*Kodaschim*" (Heiliges): Opfer und Dienst im Tempel,
6. Ordnung „*Teharot*" (Reinheit): Reinheitsgebote.

נר   פני משה   יש מביאין   פרק ראשון   בכורים   מראה הפנים   א   מקרי

יש

מביאין בכורים וקורין מביאין ולא קורין ויש שאינן מביאין אלו שאינן מביאין הנוטע בתוך שלו והבריך בתוך של יחיד או בתוך של רבים וכן המבריך מתוך של יחיד או מתוך הרבים לתוך שלו הנוטע בתוך שלו והמבריך בתוך שלו והדרך היחיד והדרך הרבים באמצע הרי זה אינו מביא רבי יהודה אומר מביא מאיזה טעם אינו מביא משום שנאמר ראשית בכורי אדמתך תביא עד שיהו כל הגידולים מאדמתך: גמ׳ יש מביאין כולי הנוטע בתוך שלו והבריך בתוך של יחיד או לתוך של רבים אפילו מן הזקנה אינו מביא המבריך מתוך של יחיד או מתוך של רבים לתוך שלו אפילו מן הילדה אינו מביא הדא אמרה כשם שהילדה חיה מן הזקנה כך הזקנה חיה מן הילדה אמר רבי יוחנן טולין משום תורת העולין ירדו להם א״ר יוסי מתניתין אמרה כן מאיזה טעם אינו מביא משום שנא׳ ראשית ביכורי אדמתך תני אם הבריך ברשות מביא וקורא רבי יוסי בשם רבי אמי והוא שנתן לו רשות לעולם הא לשעה לא רבי יונה בשם רבי אמי אפי׳ לשעה חילי׳ה דר׳ יונה מן הדא היה חופר בור שיח ומערה קוצץ ויורד והעצים שלו ועצים לא לשעה תן מה עבד ליה רבי יוסי שרשים שדרכן להחליף לעולם מכיון שדרכן להחליף לעולם תן אמר רבי מנא מילתא דר׳ יוחנן מסייע לאבא דא״ר יוחנן טולין משום תורת העולין ירדו לון וכאן מכיון שנתן לו רשות להבריך אפי׳ לשעה אף זה נוטל רבי זריקא בעי קומי רבי זעירא מתני׳ דרבי ידרבי אמר שרשין חיין זה מזה אל ר׳ה הוא הבא והתורה אמרה ראשית בכורי אדמתך עד שיהו כל הגידולים מאדמתך על דעתיה דרבי יודא מה בין הנוטע לתוך שלו והבריך לתוך של יחיד מה בין הנוטע לתוך שלו והבריך לתוך שלו והדרך היחיד באמצע ר׳ אחא בשם ר׳ מישא כשהבריכה בולעת או במלון או כשהבריכה בולעת או במלון

(ירושלמי בכורים)

Talmudseite

I. Zeraim = Samen	II. Moed = bestimmte Zeit	III. Naschim = Frauen	IV. Nesikin = Schäden	V. Kodaschim = Heiliges	VI. Teharot = Reinheit
Berachot (Segnungen)	Schabbat	Jebamot (Schwägerin)	Baba Kama (erster Teil)	Sebachim (Opfer)	Kelim (Gegenstände)
Pea (Teil)	Erubim	Ketuwot (Eheverträge)	Baba Mezia (mittlerer Teil)	Menachot (Speiseopfer)	Ohalot (Zelte)
Demai (Zweifel)	Pessachim (Pessachopfer)	Nedarim (Gelübde)	Baba Batra (letzter Teil)	Chulin (unheilige Sachen)	Negaim (Plage)
Kilajim (Mischungen)	Schekalim (Schekel als Maß)	Nasir (der Nasareer)	Sanhedrin (Gerichtshof)	Bechorot (Erstgeborene)	Para (Kuh)
Schewiit (das Siebente)	Joma (der Tag)	Gittin (Ehescheidung)	Makkot (Schläge)	Acharin (Schätzungen)	Teharot (Reinheit)
Terumoth (Abgaben)	Sukka (Laubhütte)	Sota (Ehebrüchige)	Schevuot (Eide in Prozessen)	Temura (Verwechslung)	Mikwaot (rituelle Bäder)
Maasrot (Zehnter)	Beiza (Ei)	Kidduschim (Heiraten)	Edujot (Zeugnisse)	Kerotot (Ausrottung)	Nidda (unreiner Zustand)
Maaser scheni (zweiter Zehnter)	Rosch ha-Schana (Neujahrsfest)		Avoda sara (Götzendienst)	Meila (Übertretung)	Maschtrin (Unrein werden)
Challa (Brot)	Taanit (Fastentag)		Pirke Awot (Sprüche der Väter)	Tamid (immer)	Zabim (Fließende)
Orla (unbeschnitten)	Megilla (Rolle)		Horajot (Hinweise)	Midot (Maße)	Tebul Jom (Tag untertauchen)
Bikkurim (Erstlinge)	Moed Katan (kleine Zeit)			Kinim (Vogelnester)	Jadajim (Hände)
	Chaggiga (Feier)				Ukezin (Stiele)

Die Bücher des Talmud

Im Traktat Sanhedrin der 2. Ordnung werden Geschichten von Raban Gamliel und dem römischen Kaiser erzählt. Eine dieser Geschichten lautet folgendermaßen:

Der Kaiser sprach zu Raban Gamliel: Euer Gott ist ein Dieb, denn es heißt, dass er Adam während des Schlafs eine seiner Rippen entnahm. Hierauf sprach die Tochter des Raban Gamliel zum Kaiser: Stelle mir einen Vogt zur Verfügung. Der Kaiser fragte sie: Wozu brauchst du ihn? Sie sprach: Räuber überfielen uns diese Nacht, sie nahmen einen silbernen Pokal und ließen uns einen goldenen zurück. Er erwiderte ihr: Mögen solche Diebe nur alle Tage kommen! Da sprach sie: War es etwa Adam nicht lieb, dass man ihm eine Rippe genommen und dafür eine Frau gegeben hat?!

Midraschim

Während der Jahrtausende alten Geschichte des Judentums haben jüdische Gelehrte unzählige Schriften verfasst. Vor allem Kommentare und Auslegungen zu Tenach und Talmud sind in großer Anzahl überliefert. Rabbinische Texte, die sich mit biblischen Texten auseinandersetzen, nennt man Midraschim (Einzahl: Midrasch). Dieses Wort kommt vom hebräischen Verb „darasch“, das man mit „suchen, forschen“übersetzen kann.

Schulchan Aruch

Anfang des 14. Jh.s verfasste der Gesetzeslehrer Jakob Ben Ascher ein wichtiges halachisches Kompendium (also eine religionsgesetzliche Sammlung), das unter dem Namen Arba Turim bekannt wurde. Arba Turim bedeutet „Vier Reihen“ – die Sammlung ist in vier Teile unterteilt. Dieses Werk richtet sich vor allem nach den Lehren des Maimonides (s. S. 96 f.).
Arba Turim wurde zum Vorbild für eine weitere, noch be-

deutendere halachische Sammlung, den so genannten Schulchan Aruch („Gedeckter Tisch"). Dieses Werk wurde im 16. Jh. von Joseph ben Ephraim Karo verfasst. Es ist in folgende vier Teile gegliedert:

- Vorschriften über Alltag, Schabbat und Feiertage,
- Ritualgesetze,
- Ehegesetz,
- Zivil- und Strafrecht.

Karo richtete sich bei der Erstellung des Schulchan Aruch nach dem sefardischen Ritus. Der polnische Rabbiner Moese Isserles verfasste daher als Ergänzung einen Kommentar zum Schulchan Aruch, der den aschkenasischen Ritus berücksichtigt. Passend zum „Gedeckten Tisch" nannte er diesen Kommentar Mappa („Tischdecke"). Auf diese Weise wurde der Schulchan Aruch zu einem maßgeblichen Werk für Aschkenasen und Sefarden. Die besondere Bedeutung des Schulchan Aruch besteht darin, dass man ihn als eine Art Handbuch für das tägliche Leben verstehen kann. Während der Talmud für den Laien oft schwer verständlich ist und viele intellektuelle Diskussionen umfasst, listet der Schulchan Aruch die wichtigsten Gebote in einer Form auf, die jeder verstehen kann.

Responsen

Wichtig für das jüdische Religionsgesetz sind auch die so genannten Responsen. Auf Hebräisch werden sie Scheelot u-Tschuwot („Fragen und Antworten") genannt. Es sind die Antworten und Urteile berühmter jüdischer Gelehrter zu Fragen und Problemen, die an sie herangetragen wurden. Von diesen Präzedenzurteilen gibt es rund 300 000.

Schriften der jüdischen Mystik

Das Judentum hat eine sehr ausgestaltete mystische Lehre hervorgebracht, die so genannte ***Kabbala.*** Kabbala wird meist mit „Tradition, Überlieferung" übersetzt, dem das

hebräische Verb „kibel“ („empfangen, aufnehmen“) zugrunde liegt. Die Kabbala setzt sich mit dem Wesen Gottes auseinander und versucht, das Verhältnis von Gott und Welt neu zu durchdringen. Auch Themen, wie die Frage nach der Entstehung der Welt und ihrer möglichen Erlösung werden behandelt. Ein interessanter Aspekt innerhalb der kabbalistischen Lehre ist die kabbalistische Zahlenmystik. Jedem hebräischen Buchstaben ist ein bestimmter Zahlenwert zugeordnet. Mithilfe dieser Zahlenwerte versuchen die Kabbalisten, ihre Lehren auf die Tora und deren tieferen Sinn zu gründen.
Viele kabbalistische Werke sind nur als Handschriften vorhanden oder verloren gegangen. Ein mystisches Werk, das älter ist als die Kabbala, aber heute oft zu den kabbalistischen Schriften hinzugezählt wird, ist der Sefer Jezira („Buch der Schöpfung“ „Buch der Formung“). Das Alter dieses Buchs ist umstritten, wahrscheinlich stammt es aus dem 3./4. Jh.
Im 12. Jh. entstand in der Provence das Buch Bahir mit gnostischen Elementen. Die unbekannten Autoren versuchen im Buch Bahir, die Gegenpoligkeit der Welt zu erläutern.
Das Hauptwerk der Kabbala ist das Sefer ha-Sohar ("Buch des Glanzes"), oder kurz Sohar genannt, das im 13. Jh. erschien. Wahrscheinlich ist der Sohar eine Sammlung mehrerer älterer Schriften von verschiedenen Verfassern, die über einen längeren Zeitraum entstanden sind. Die Sprache des Sohar ist Aramäisch.
Im 16. Jh. entstand in Sefat im Norden des heutigen Israels die so genannte lurianische Kabbala des Issak Luria. Sefat entwickelte sich zu einem Zentrum der kabbalistischen Lehre.

Vielfalt des Judentums

Wenn eine Religionsgemeinschaft wächst, entstehen mit der Zeit Untergruppen und Abspaltungen.
Gemeinden, die weit entfernt voneinander leben, können sich nicht ständig untereinander austauschen und entwickeln so mit der Zeit eigene Formen der Religionsausübung. Dies ist besonders dann der Fall, wenn ein religiöses Zentrum fehlt. Aber auch Uneinigkeit über die Auslegung der religiösen Gesetze und über die richtige Form der Religionsausübung sind oft ein Grund dafür, dass sich eine Religionsgemeinschaft in verschiedene Gruppen aufteilt.
Beide – geografische und inhaltliche Gründe – haben im Judentum im Laufe seiner langen Geschichte zu einer großen Vielfalt geführt.

Geografisch bedingte Unterschiede

Schon die Tatsache, dass fast gleichzeitig zwei Talmude (einer in Palästina und einer in Babylon) entstanden, lässt auf frühe geografisch bedingte Unterschiede schließen. Die beiden Versionen des Talmuds wurden verfasst, nachdem Jerusalem durch die Zerstörung des Zweiten Tempels (70 n. Chr.) als religiöses Zentrum verloren gegangen war. Aus diesen ersten regional bedingten Unterschieden sind aber keine bleibenden Abspaltungen entstanden. Der Babylonische Talmud setzte sich bald im gesamten Judentum als verbindlich durch.
Am bekanntesten ist heute die Unterscheidung zwischen sefardischen und aschkenasischen Juden.

Sefardische Juden. Sefardisch kommt vom hebräischen Wort *sefarad* und bedeutet „Spanien". Sefardische Juden sind also genau genommen „spanische Juden". Bereits im 4. Jh. gab es nachweislich jüdische Gemeinden auf der iberischen Halbinsel (Spanien und Portugal). Unter muslimischer Herrschaft entwickelte sich Spanien ab dem 8. Jh. zu einem wichtigen wissenschaftlichen und kulturellen Zentrum. Die Juden waren während dieser Zeit fast gleichberechtigte Bürger im gesamten muslimischen Herrschaftsgebiet, das sich über den Nahen und Mittleren Osten, über Nordafrika und die iberische Halbinsel erstreckte. Zahlreiche jüdische Wissenschaftler hatten Anteil an der geistigen Blüte in Spanien.

Nachdem sie in der Mitte des 12. Jh. eine Zeit lang unter der Herrschaft einer fanatischen islamischen Sekte zu leiden hatten, erlebten die spanischen Juden nach der teilweisen christlichen Rückeroberung Spaniens (Reconquista) einen erneuten Aufschwung. Durch ihre Kenntnis der arabischen Sprache und Philosophie und der Schriften der alten Griechen leisteten sie einen wichtigen Beitrag zur Weiterentwicklung der Wissenschaft im christlichen Europa. Der bekannteste jüdische Wissenschaftler dieser Zeit ist Maimonides (s. S. 96 f.).

Mit der Zeit verschlechterte sich die Situation der spanischen Juden. Sie wurden von den Christen unterdrückt und gezwungen, sich taufen zu lassen. 1492 wurden die Juden endgültig aus Spanien vertrieben. Sie flohen vor allem nach Nordafrika, Arabien und Südosteuropa, aber auch nach England, Holland, Nordwestdeutschland und ins gerade entdeckte Amerika. Die Nachkommen dieser geflohenen spanischen Juden nennt man noch heute Sefarden („Spanier"). Sie unterscheiden sich von den aschkenasischen Juden unter anderem durch eine eigene Sprache, das ***Ladino,*** eigene Festtagsbräuche und eine etwas andere Auslegung des Talmud. Heute werden häufig auch die ***orientalischen Juden*** zu den Sefarden gezählt, obwohl dies historisch nicht korrekt ist. Die orientalischen Juden stammen aus den Ländern des Na- ▶ S. 24

Juden in der Welt

Deutschland

Durch eine verstärkte Zuwanderung leben in der Bundesrepublik Deutschland heute wieder über 90 000Juden. Mehr als die Hälfte stammen aus den GUS-Staaten. Die meisten jüdischen Gemeindemitglieder hat Berlin (ungefähr 12 000). Die zweitgrößte Gemeinde ist in Frankfurt am Main mit etwas 6300 Mitgliedern. Weitere wichtige gemeinden sind München, Düsseldorf, Hamburg und Köln.

Türkei

Die Zahl der Juden in der Türkei wird auf etwa 26 000 geschätzt, die überwiegende Mehrheit lebt in Istanbul, etwa 2500 leben in Izmir. Kleinere Gemeinden gibt es unter anderem in Adana, Ankara, Busa, Canakkale, Iskenderun und Kirklareli. Ca. 96 % der türkischen Juden sind Sefarden.

USA

Die größte jüdische Ansiedlung der Welt befindet sich in New York. Hier leben über eine Million Juden. Über 40 % aller Juden leben in den Vereinigten Staaten von Amerika, nämlich fast sechs Millionen.

Polen
In Polen leben ungefähr 10 000 juden.

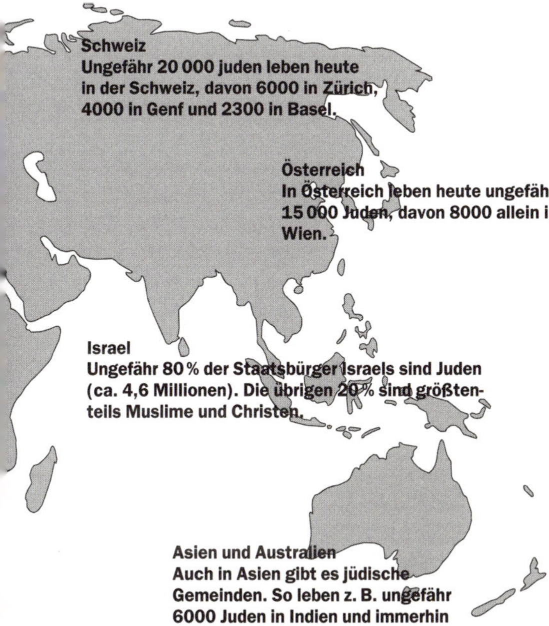

Schweiz
Ungefähr 20 000 juden leben heute in der Schweiz, davon 6000 in Zürich, 4000 in Genf und 2300 in Basel.

Österreich
In Österreich leben heute ungefähr 15 000 Juden, davon 8000 allein in Wien.

Israel
Ungefähr 80 % der Staatsbürger Israels sind Juden (ca. 4,6 Millionen). Die übrigen 20 % sind größtenteils Muslime und Christen.

Asien und Australien
Auch in Asien gibt es jüdische Gemeinden. So leben z. B. ungefähr 6000 Juden in Indien und immerhin 3000 in China. In Australien leben etwas 100 000.

hen und Mittleren Ostens. Im Unterschied zu den sefardischen Juden haben die Vorfahren der orientalischen Juden nie in Europa gelebt.

Aschkenasische Juden. Aschkenas ist die im Mittelalter von den Juden benutzte Bezeichnung für Deutschland und Nordwestfrankreich. Wahrscheinlich kamen die ersten Juden mit den Römern in dieses Gebiet. Bereits im 4. Jh. gab es eine jüdische Gemeinde in Köln. Im 10. und 11. Jh. entwickelten sich vor allem Mainz, Köln, Worms und Speyer zu wichtigen jüdischen Zentren. Der bekannte jüdische Gelehrte Rabbi Salomo ben Isaak, *Raschi,* studierte zu dieser Zeit in Worms und Mainz. Als die Juden in Aschkenas während

Äthiopische Juden

Wie Juden nach Äthiopien gelangten, ist wissenschaftlich umstritten. Die Legende besagt, dass sie bereits zur Zeit des Königs Salomo aus Israel einreisten. Jahrhunderte lang war die Existenz von äthiopischen Juden in der übrigen Welt weitgehend unbekannt. Erst im 19. Jh. entdeckten jüdische Reisende aus Europa in dem afrikanischen Land Menschen, die sich *Beita Israel* („Haus Israels") nannten, jüdische Feste feierten und den Schabbat einhielten. Diese äthiopischen Juden kannten die Tora, deren Gebote sie streng einhielten, und einige andere, sehr alte jüdische Schriften. Der Talmud, der als wichtiger, verbindlicher Bestandteil der jüdischen Lehre gilt, war ihnen dagegen völlig unbekannt. Zunächst war man sich daher in der jüdischen Welt nicht einig, ob es sich bei dieser äthiopischen Gruppe wirklich um Juden handelte. Erst in den siebziger Jahren des 20. Jh.s wurden sie vom sefardischen Oberrabbiner in Israel offiziell als Nachkommen des alten jüdischen Stammes Dan anerkannt. In den achtziger und neunziger Jahren flohen die meisten äthiopischen Juden mit israelischer Hilfe vor Verfolgung und Hunger nach Israel.

der Kreuzzüge (ab dem späten 11. Jh.) unter besonders starker Verfolgung und Unterdrückung litten, flohen viele nach Osteuropa und nahmen ihre aschkenasische Tradition und ihre eigene Sprache, das ***Jiddische,*** mit.
Die Nachfahren der mittel- und osteuropäischen Juden werden heute noch Aschkenasen genannt. Die aschkenasischen Juden haben eine eigene Aussprache des Hebräischen entwickelt, die sich von der ursprünglichen und heute in Israel wieder üblichen orientalischen und sefardischen Aussprache unterscheidet.

Religiös-inhaltlich bedingte Unterschiede

Schon immer hat es innerhalb des Judentums unterschiedliche Meinungen darüber gegeben, wie die Tora zu verstehen ist und wie die unterschiedlichen Gebote am besten auszuführen sind. Beste Beispiele für entsprechende Diskussionen zwischen jüdischen Gelehrten findet man im Talmud.

> Ein jüdischer Spruch besagt: „Wann immer zehn jüdische Gelehrte miteinander diskutieren, vertreten sie mindestens elf unterschiedliche Meinungen."

Aus solchen Meinungsverschiedenheiten entwickelten sich im Laufe der Geschichte ständig neue innerjüdische Gruppierungen.

Heute unterscheidet man vor allem drei Hauptströmungen: orthodoxes Judentum, konservatives Judentum und Reformjudentum. Diese Dreiteilung wird zwar der gesamten Vielfalt des Judentums nicht gerecht, hilft aber, einige Grundtendenzen zu verstehen. Dabei sind die Übergänge zwischen den drei Gruppen fließend und innerhalb jeder Gruppe gibt es unterschiedliche Ausprägungen. Zusätzlich gibt es Richtungen, die sich nur schwer einer der drei Gruppen zuordnen lassen.

Osteuropäischer Chassidismus

Im 18. Jh. entstand in Osteuropa eine besondere Form des Judentums, der Chassidismus. Grundlage des Chassidismus ist die komplizierte mystische Geheimlehre der Kabbala aus dem 12. Jh. Als Begründer des Chassidismus gilt Israel ben Elieser Baal Schem Tow (gestorben 1760). Schon bald nach dessen Tod entstanden unterschiedliche Strömungen innerhalb des Chassidismus. Durch Auswanderer gelangte der Chassidismus nach Amerika, wo er noch heute am weitesten verbreitet ist.

Nach chassidischer Vorstellung sind in der Materie göttliche Funken gefangen, die es zu erlösen gilt. Die Frage, wie diese Erlösung erreicht werden kann, wird in den verschiedenen chassidischen Gruppierungen unterschiedlich beantwortet. Die Hauptströmungen vertreten die Ansicht, dass vor allem das genaue Einhalten der Gebote und ernst gemeintes Beten zur Erlösung der göttlichen Funken aus der Materie führen. Ein wichtiges Element chassidischen Lebens ist die Freude, mit der Gott verehrt wird. Ausdruck dieser Freude sind die chassidischen Tänze und die fröhliche Musik.

Die meisten Juden führen heute ein eher weltliches Leben, in dem sie sich kaum von ihren Mitmenschen anderer Religionen unterscheiden. Besonders gilt dies für Westeuropa, wo die Assimilation eine Tradition hat. Viele pflegen die jüdische Tradition vor allem, in dem sie die jüdischen Feste feiern und am kulturellen Leben der örtlichen jüdischen Gemeinde teilnehmen.

Ein jüdischer Witz:

"Warum antwortet ein Jude auf eine Frage immer mit einer Gegenfrage?“ – „Warum soll ein Jude auf eine Frage nicht mit einer Gegenfrage antworten?“

	orthodox	konservativ	reformiert
Einstellung zu Tora und Talmud	Tora und Talmud (als schriftliche Form der mündlichen Tora) von Gott gegeben und verbindlich; alle Gebote müssen so befolgt werden, wie die Schriften es vorschreiben	Tora und Talmud von Gott gegeben und verbindlich; Auslegung der Gebote kann jedoch behutsam an die moderne Zeit angepasst werden	Tora als Geschichtswerk, kann immer wieder neu interpretiert werden, Aussagen sind oft symbolisch zu verstehen; Einhaltung der Gebote freigestellt; nur Gebote, die vernünftig erscheinen, werden eingehalten; Talmud als Orientierungshilfe, nicht als verpflichtendes Gesetz
Volk oder Religion?	Keine Trennung zwischen Volkszugehörigkeit und Religion	Keine Trennung zwischen Volkszugehörigkeit und Religion	Judentum vor allem als Religion
Sprache im Gottesdienst	Hebräisch als ausschließliche Sprache des Gottesdienstes, Gebete in einer anderen Sprache gelten als Entweihung der Tora	Teile des Gottesdienstes in der Landessprache	Große Teile des Gottesdienstes in der Landessprache; Toralesung in Hebräisch und Übersetzung; Gebete gekürzt
Stellung der Frau	Frau erfüllt die ihr zugedachten Gebote, ist vor allem für den häuslichen Bereich zuständig, hat Recht auf Versorgung durch den Mann; Studium der Schriften und Durchführung der Gottesdienste sind Sache des Mannes; Frau sitzt in der Synagoge getrennt und abgeschirmt	Ähnlich wie orthodox, aber leichte Lockerungen, z.B. zwar Trennung, aber keine Abschirmung in der Synagoge, dadurch stärkere Einbindung in Gottesdienst	Frauen und Männer gleichberechtigt; Frau wird bei Minjan mitgezählt, nimmt am Gottesdienst teil, sitzt nicht getrennt, darf studieren, alle Ämter ausführen, kann Rabbinerin werden

Sprachen

Es gibt eine ganze Reihe von Sprachen, die mit dem Judentum in Verbindung gebracht werden. Dabei unterscheidet man die Schriftsprache Hebräisch und einige Alltagssprachen, die zu verschiedenen Zeiten und an unterschiedlichen Orten entstanden. Nur im modernen Staat Israel wird heute auch das Hebräische als Alltagssprache verwendet („Iwrit“).

Aramäisch

Bereits vor über 2000 Jahren war Hebräisch nicht mehr die tägliche Umgangssprache. Zur Zeit des Zweiten Tempels sprach man in Jerusalem und Umgebung Aramäisch. Daher sind z.B. große Teile des Talmuds in Aramäisch verfasst. Vom äußeren Erscheinungsbild unterscheiden sich diese Texte nicht von den hebräischen, da sie in der gleichen Schrift geschrieben wurden. Auch im Tenach findet man einige wenige Texte auf Aramäisch.

Hebräisch. Hebräisch gehört zu den semitischen Sprachen und ist als solche z.B. dem Arabischen sehr ähnlich. Es entstand wahrscheinlich im 14. oder 13. Jh. v. Chr. Wie das Arabische wird Hebräisch von rechts nach links geschrieben. Die gebräuchliche hebräische Schrift, die so genannte Quadratschrift, ist bereits über 2000 Jahre alt.

Als Sprache der Tora hat das Hebräische einen besonderen Stellenwert im Judentum.

Es ist die Sprache des Gottesdienstes und der Lehre. Als Umgangssprache wurde es ungefähr 2000 Jahre lang nicht gesprochen.

Jüdische Alltagssprachen. Die Lebensweise der Juden in besonderen Vierteln mit eigenen Bildungseinrichtungen begünstigte die Entstehung eigener jüdischer Alltagssprachen. Diese waren ursprünglich meist eine Art Dialekt der jeweiligen Landessprache, in den sich hebräische Wörter und

„Iwrit“

Im Zusammenhang mit der Entstehung des Zionismus (s. S. 120) begann man damit, das Hebräische als Alltagssprache neu zu beleben. 1948 wurde es – neben dem Arabischen – offizielle Amtssprache des neu gegründeten Staates Israel. Die meisten Juden in Israel waren damals aus anderen Ländern eingewandert und mussten das Hebräische erst mühsam als Fremdsprache erlernen. Heute sprechen die in Israel geborenen Juden Hebräisch als Muttersprache. Im deutschsprachigen Raum benutzt man für das moderne Hebräisch häufig den Ausdruck „Iwrit“, um es vom biblischen Hebräisch zu unterscheiden.

Satzstellungen mischten. Die bekanntesten jüdischen Alltagssprachen sind Jiddisch und Ladino.

Jiddisch. Jiddisch entstand im Mittelalter im deutschsprachigen Raum (Aschkenas, s. S. 24 f.) als mittelhochdeutscher Dialekt. Von dort nahmen es auswandernde Juden mit nach Osteuropa. Im Laufe der Zeit entwickelten sich viele jiddische Dialekte.
Das Jiddische ist in Grammatik und Aussprache dem Deutschen sehr ähnlich. Der jiddische Wortschatz besteht größtenteils aus deutschen, aber auch aus hebräischen, aramäischen, romanischen und – vor allem im so genannten Ostjiddischen – aus slawischen Elementen. Es wird mit hebräischen Buchstaben von rechts nach links geschrieben. Heute sprechen nur noch wenige Juden Jiddisch als Muttersprache. Die meisten von ihnen leben in New York.

Hebräische Buchstaben

שלום

Jiddisch im Deutschen

Eine ganze Reihe jiddischer Wörter sind in die deutsche Umgangssprache übergegangen. So kommt das Wort „beschickert“ vom hebräischen Wort *schikor* („betrunken“). Der verbreitete Neujahrsgruß „Guten Rutsch!“ ist aus dem jiddischen „Gut Rosch!“ (von *Rosch ha-Schana,* dem jüdischen Neujahrsfest) entstanden. Andere Beispiele sind „Ganove“ (von hebräisch *ganav,* „Dieb“), „Macke“ (hebräisch *maka,* „Schlag“) und „Schlamassel“ („schlechtes Masel“, von hebr. *masal,* „Glück“).

Die Gemeinde

Die zentrale Einrichtung einer jüdischen Gemeinde ist die Synagoge. Sie ist das Zentrum des religiösen und sozialen Lebens und fungiert gleichzeitig als Gebetsstätte, Gemeindehaus und Gerichtssaal. Zu den unbedingt notwendigen Einrichtungen einer Gemeinde gehören zudem die Mikwe (Ritualbad) und der Friedhof. Einige Gemeinden unterhalten auch Schulen.

Ämter und Aufgabenverteilung

Jede Gemeinde hat einen gewählten Vorstand, mit dessen Hilfe sie alle inneren Angelegenheiten in eigener Verantwortung nach dem jüdischen Religionsgesetz regelt.
Daneben gibt es einige wichtige Gemeindeämter:
Der ***Rabbiner*** *(Raw)* erhält sein Amt als Oberhaupt der Gemeinde durch Wahl. Seine Befähigung hat er durch ein gründliches Studium der Schriften, in der Regel an einem Rabbinerseminar, erworben. Ein Rabbiner wird niemals geweiht! Zu den Aufgaben des Rabbiners gehört es, seine Gemeindemitglieder in religionsgesetzlichen Fragen zu beraten und als eine Art Richter Entscheidungen zu treffen.
Auch die Ehefrau des Rabbiners nimmt bestimmte Aufgaben wahr. So kümmert sie sich z.B. um die Frauen, die die Mikwe besuchen und bereitet die Braut vor der Hochzeit in einem Beratungsgespräch auf die Ehe vor.
Der ***Kantor*** *(Chasan)* ist der Vorbeter der Gemeinde. In kleineren Gemeinden ohne Kantor kann jedes männliche Gemeindemitglied Vorbeter sein.

Der ***Synagogendiener*** *(Schamasch)* überwacht die täglichen Gottesdienste und ist für die rituellen Gegenstände verantwortlich. Er fungiert oft als Vorleser der Tora oder Stellvertreter des Kantor.
Der ***Schächter*** *(Schochet)* nimmt die koschere Schlachtung der Tiere vor. Hat eine Gemeinde keinen eigenen Schächter, kaufen die Gemeindemitglieder dann ihr koscheres Fleisch in anderen Gemeinden ein.
Der ***Mohel*** ist für die Beschneidung der Jungen zuständig. Hierfür hat er eine spezielle medizinische Ausbildung. Meist betreut ein Mohel mehrere Gemeinden gleichzeitig.
In orthodoxen und konservativen Gemeinden sind die genannten Gemeindeämter nur Männern zugänglich. In Reformgemeinden gibt es auch *Rabbinerinnen.*

Eine zentrale Gemeindeaufgabe ist die ***Wohlfahrtspflege.*** Es gibt verschiedene Ausschüsse, die sich um die sozialen Angelegenheiten in einer Gemeinde kümmern. Dazu gehören zum Beispiel die Unterstützung ärmerer Gemeindemitglieder, Hilfe für Alte und Kranke, aber auch die Ausrichtung von Festen. Um einen Teil dieser Aufgaben kümmert sich traditionell die ***Chewra Kadischa*** („heilige Gesellschaft"), eine in allen Gemeinden bestehende Bruderschaft, die vor allem für die Bestattung der Toten und den Erhalt der Friedhöfe zuständig ist („Beerdigungsbruderschaft").

Die Synagoge

Wahrscheinlich begannen die Israeliten bereits in der Zeit des babylonischen Exils nach der Zerstörung des Ersten Tempels damit, Lehr- und Versammlungshäuser einzurichten, die zu Orten des gemeinsamen Gebetes wurden.
Nachdem durch die Zerstörung des Zweiten Tempels (70 n. Chr.) das religiöse Zentrum in Jerusalem endgültig verloren ging, erlangten diese Synagogen (griech. „Versammlung", hebr. ***Bet Knesset,*** „Haus der Versammlung") als Versammlungsorte der jüdischen Gemeinden zentrale Bedeutung.

Menora, Gesetzestafeln, Davidsstern

Da es keine festgelegten Regeln für Größe, Grundriss oder Form einer Synagoge gibt, entwickelte sich im Laufe der Geschichte eine vielfältige Synagogenarchitektur. Die Halacha, das jüdische Religionsgesetz, kennt nur zwei Vorgaben für den Bau einer Synagoge: sie sollte Fenster haben und nach Jerusalem ausgerichtet sein.
Oft sind die Synagogen mit architektonischen Dekorationselementen, hebräischen Inschriften oder anderen Symbolen farbenprächtig ausgeschmückt. Bilder von Menschen gibt es

Torarolle mit Schmuck und Torazeiger

jedoch nicht, da das zweite der Zehn Gebote lautet: „Du sollst dir kein Bild machen ...“ (Ex 20, 4). Häufig verwendete Symbole sind die Menora (der siebenarmige Leuchter), die Gesetzestafeln mit den Zehn Geboten und der Davidsstern.

Die Haupteinrichtung einer Synagoge ist der meist erhöht stehende ***Toraschrein*** *(Aron ha-Kodesch),* ein Schrank, in dem die ***Torarollen*** aufbewahrt werden. Eine Gemeinde besitzt in der Regel mehrere dieser wertvollen Schriftrollen. Der Toraschrein befindet sich an der Wand der Synagoge, die Richtung Jerusalem zeigt, in europäischen Synagogen also an der Ostwand. Der Schrein selbst ist oft von einem prachtvoll bestickten ***Toravorhang*** verhüllt. Vor dem Toraschrein brennt nach den Vorgaben des Stiftszeltes, in dem die Bundeslade aufbewahrt wurde (Lev 24, 2f), ein ***ewiges Licht,*** das ***Ner Tamid.***

Die Torarollen im Schrein sind durch so genannte ***Toramäntel*** aus Samt, die mit Brokat und Stickerei verziert sind, geschützt. Zur Ehre der Tora sind die Schriftrollen mit aus Silber getriebenen Aufsätzen in Form von Granatäpfeln ***(Rimonim)*** geschmückt, die auf die Holzstäbe, auf denen die Rolle aufgewickelt ist, gesteckt werden. Schon seit biblischer Zeit werden auch Glöckchen als Schmuckelemente verwendet. An bestimmten Festtagen wird der Schriftrolle anstelle der Rimonim die ***Torakrone (Keter Tora)*** aufgesetzt, die ein Symbol für die königliche Bedeutung der Lehre darstellt. An silbernen Ketten hängt das ***Toraschild,*** das die Rollen markiert und oft Widmungen der Spender der Torarolle zeigt. Zum Lesen der Torarolle in der Synagoge wird der ***Torazeiger (Jad)*** verwendet, ein meist silberner Stab, an dessen Ende eine silberne Hand mit ausgestrecktem Zeigefinger befestigt ist. Der Torazeiger dient als Lesehilfe, damit der heilige Text der Tora nicht berührt werden muss. Wenn die Torarollen durch Gebrauch beschädigt worden sind, werden sie nicht weggeworfen, sondern auf dem Friedhof beerdigt.

An zentraler Stelle in der Synagoge steht die ***Bima*** (auch ***Almemor*** oder ***Teva*** genannt), ein Podium mit ***Vorlesepult,*** von dem aus die Torarollen verlesen werden. Diese fast immer mit einem Geländer umgebene Plattform ist über Stufen an zwei Seiten zu erreichen. Das Pult dient in erster Linie als Ablage für die meist unhandlichen Torarollen.

Einen Altar gibt es in einer Synagoge nicht. Altare waren im Tempel für die vorgeschriebenen Tempelopfer vorgesehen. Da der Opferkult aber an den Tempel gebunden war und in einer Synagoge nicht ausgeführt werden darf, braucht die Synagoge keinen Altar.
Im Vorraum der Synagoge befindet sich ein Waschbecken mit einer Wasserkanne für die symbolische Reinigung der Hände vor dem Gebet.
Seit dem Mittelalter wurden im Hauptraum vieler Synagogen Emporen und Galerien mit separatem Eingang für Frau-

Dresdner Synagoge

en eingebaut. Nach und nach wurden sie Bestandteil aller Synagogen. Durch Gitter oder Vorhänge wurden diese Frauenabteile vom Hauptraum abgegrenzt, um zu verhindern, dass die Männer durch den Anblick der Frauen von ihrem Gebet abgelenkt würden. In reformierten Synagogengemeinden wurden im 19. Jh. die Gitter um den Frauenbereich niedriger gestaltet oder ganz abgeschafft. Die Reformer legten großen Wert darauf, das jüdische Familienleben zu fördern, und erlaubten den Frauen, aktiv am Synagogengottesdienst teilzunehmen. In manchen Reformgemeinden, besonders in den USA, wurde die Geschlechtertrennung während des Gottesdienstes ganz aufgehoben. In orthodoxen Synagogen sind Männer und Frauen jedoch auch heute noch streng voneinander getrennt.

Die Funktionen der Synagoge als geistiges Zentrum der Gemeinde sind vielfältig. Sie ist gleichzeitig Bet- und Lehrhaus sowie Versammlungsort. Diese Verbindung von Gottesdienst, Lehre und alltäglichem Leben ist typisch für das Judentum. Die jiddische Bezeichnung für Synagoge, „Schul", verdeutlicht, wie wichtig das Lernen und Studieren ist.

Die Synagoge ist kein Sakralraum als solcher – sie wird es erst durch die Feier des Gottesdienstes. Deshalb ist jeder Ort, an dem sich zehn jüdische Männer (Minjan) zum Gebet zusammenfinden, im weitesten Sinne auch eine Synagoge.

Die Mikwe – das Ritualbad

Die Mikwe, das rituelle Tauchbad (*mikwa,* hebr. „Wasseransammlung", „Becken oder Brunnen mit fließendem Wasser"), wird nach den Bestimmungen des Talmud (Traktat Mikwaot, s. S. 16) gebaut. Weil die Tora an mehreren Stellen von der Reinigung in *„lebendigem Wasser"* spricht, muss ein Teil des Wassers in der Mikwe immer *Naturwasser* sein, d.h. Grundwasser, Quellwasser, gesammeltes Regenwasser, Meer- oder Flusswasser. Dieses Naturwasser kann mit zusätzlichem Leitungswasser aufgefüllt und beheizt werden. Eine weitere Bedingung ist, dass das Wasser *fließt.* Dies wird dadurch gelöst, dass ständig Frischwasser in das volle Becken läuft, während durch einen kleinen Abfluss überschüssiges Wasser abfließt.
Im Mittelalter wurde eine Mikwe meist vom Grundwasser gespeist. Um an den Grundwasserspiegel heranzureichen, mussten tiefe Schächte in die Erde gegraben werden. Mit Hilfe einer in das Wasserbecken führenden Treppe wurde der jahreszeitlich wechselnde Grundwasserpegel ausgeglichen. ▶ S.40

Jüdische Grabsteine

Jüdische Grabsteine sind immer auf Hebräisch beschrieben, in der Diaspora manchmal noch zusätzlich in der Landessprache. Die Inschrift beginnt mit den hebräischen Buchstaben *pe* und *nun* (für *po nikbar*, „hier wurde begraben“). Es folgen die Namen des Verstorbenen. In der Diaspora sind dies manchmal zwei verschiedene Namen, ein weltlicher, landesüblicher und ein hebräischer. Häufig enthält der Grabstein eine kurze Lebensgeschichte, in der die guten Eigenschaften des Verstorbenen hervorgehoben werden (z. B. Gesetzestreue, Gottesliebe, Gerechtigkeit). Die fünf hebräischen Buchstaben *taw, nun, zadik, bet* und *he* stehen für *tehi nischmato zrura bi-zror ha-chaim* („Möge seine Seele eingebunden sein in den Bund des Lebens“).

Folgende Symbole kann man immer wieder auf jüdischen Grabsteinen finden:
Wasserkanne oder Becken deuten auf eine Abstammung vom Stamm der Leviten. Leviten waren Tempeldiener in Jerusalem. Sie wuschen den Priestern die Hände, bevor diese den Segen erteilten.
Zwei segnende Hände, die an den Daumen zusammenstoßen und den Zeige- und Mittelfinger meist abspreizen, sind auf Gräbern von Nachkommen des Priesterstammes der Kohanin, zu finden. Bis heute segnen deren Nachkommen im Gottesdienst die Gemeinde.
Magen David, der Davidstern, entwickelte sich im 19. Jh. zum Symbol des Judentums. Er leuchtet auch in der Nationalflagge des Staates Israel.
Die Menora, der siebenarmige Leuchter, zählt seit der Antike zu einem der beliebtesten jüdischen Symbole. Brennend dargestellt steht sie für ewiges Leben und Licht. Die Menora ist oft auf Gräbern von Frauen zu finden, weil diese am Schabbat die Lichter anzünden.

Das Bad in der Mikwe dient der rituellen Reinigung.

Heute sind Mikwen wie moderne Badeanstalten ausgestattet. Ihr Naturwasser erhalten sie meist durch auf dem Dach gesammeltes Regenwasser oder durch Grundwasserpumpen.
Männern wird es vor dem Schabbat oder vor Feiertagen empfohlen. Frauen sind nach Zeiten ritueller Unreinheit ***(Nidda)*** verpflichtet, in die Mikwe zu gehen.

Nidda – die rituellen Reinheitsgebote der Frau

Die jüdische Frau unterliegt während ihrer Menstruationsblutung und nach Geburten besonderen Reinheitsgeboten. Diese werden im Talmudtraktat Nidda behandelt.
Verheiratete Frauen gehen einmal im Monat, jeweils sieben Tage nach Abklingen ihrer Blutung in die Mikwe, um sich rituell zu reinigen. In der Zeit zwischen dem Einsetzen der Menstruation und dem Bad in der Mikwe darf ihr Mann keinen Geschlechtsverkehr mit ihr haben. Ähnliche Bestimmungen gelten nach der Geburt eines Kindes.
Vor der Hochzeit geht eine Frau zum ersten Mal in die Mikwe, um sich durch das rituelle Tauchbad auf den ehelichen Geschlechtsverkehr mit ihrem zukünftigen Mann vorzubereiten. Da die Ehe in der Hochzeitsnacht vollzogen werden soll, haben die Nidda-Bestimmungen auch einen Einfluss auf die Festlegung des Hochzeitstermins. Er muss in die Zeit zwischen dem siebten Tag nach Abklingen der Blutung und dem ersten Tag der nächsten Blutung fallen.
Heute werden die Nidda-Bestimmungen jedoch nur noch in orthodoxen Kreisen streng eingehalten.

Vor dem Bad in der Mikwe legt man alles, was nicht zum Körper gehört (Kleidung, Schmuck, Makeup, Haarklammern, etc.), ab und wäscht sich gründlich. In der Mikwe taucht man ganz unter, jedes Haar muss vom „lebendigen Wasser“ bedeckt sein.

Der jüdische Friedhof

Jede jüdische Gemeinde braucht einen Friedhof. Da nach jüdischer Vorstellung am Ende der Zeit – wenn das Erscheinen des Messias den Beginn der kommenden Welt einleitet – der Mensch als Ganzer aufersteht (nicht nur seine Seele), kommt der Bestattung der Toten und der Bewahrung ihrer Gräber besondere Bedeutung zu. Die ***Totenruhe*** darf nicht gestört werden, deshalb sind z.B. Umbettungen nicht gestattet. Eine Ausnahme vom Umbettungsverbot wird nur gemacht, wenn der Verstorbene nicht sofort auf einem jüdischen Friedhof bestattet werden konnte, oder wenn er nach Israel überführt werden soll.

Auf gar keinen Fall darf ein Grab eingeebnet und wieder verwendet werden. Aus diesem Grund finden sich auf jüdischen Friedhöfen oft sehr alte Gräber. Damit ein Grab nicht übersehen und unsachgemäß behandelt wird, muss es gekennzeichnet sein. Dies geschieht z.B. durch den ***Grabstein.*** Da es unüblich war, Gräber durch Blumen o. Ä. zu schmücken, wurden sie früher durch Umrandungen aus herumliegenden Steinen gekennzeichnet. Bei jedem Besuch am Grab brachte man neue Steine mit, um die Umrandung auszubessern. Wahrscheinlich ist dies der Grund dafür, dass es noch heute üblich ist, beim Besuch des Friedhofs kleine Steine auf Grab und Grabstein zu legen.

Auf Hebräisch wird der Friedhof *beit kwarot* („Haus der Gräber"), aber auch *beit olam* („Haus der Ewigkeit") oder *bet ha-chaim* („Haus des Lebens") genannt.

Alltag

Zeichen des Bundes

Drei äußerlich sichtbare Zeichen erinnern einen religiösen Juden täglich an seine Zugehörigkeit zum Judentum. Sie rufen ihm den Bund (s. S. 7) mit Gott ins Gedächtnis und mahnen ihn zum Einhalten der Gebote: sein Gebetsmantel mit den langen, weißen Schaufäden, seine Gebetsriemen, die er zum Gebet anlegt, und die Mesusa, die seinen Wohnungseingang kennzeichnet. Alle drei Zeichen gehen auf Gebote der Tora zurück.

Tefillin. Die ***Gebetsriemen*** (Tefillin, von hebr. *tfila,* „Gebet") bestehen aus Lederriemen, an denen ein schwarzes, mit Pergamentrollen gefülltes, Lederkästchen befestigt ist. Jeder Mann trägt zwei Tefillin: ein schwarzes Kästchen wird mit Hilfe der Lederriemen auf die Stirn gebunden, das zweite in die linke, dem Herzen zugewandte Armbeuge. Die Pergamentrollen enthalten Textstellen aus der Tora, aus denen sich das Gebot zum Tragen der Tefillin ableiten lässt. Eine davon ist das ***Schma Israel.*** Dort heißt es: *„Und du sollst sie binden zum Wahrzeichen an deine Hand, und sie sollen sein zum Denkbande zwischen deinen Augen"* (Dt 6, 8). Tefillin werden nur an normalen Wochentagen – nicht am Schabbat oder an Feiertagen – zum Morgengebet angelegt. Frauen müssen keine Tefillin tragen.

Tallit und Zizit. Der ***Gebetsmantel*** (Tallit) ist ein viereckiges großes Tuch, das beim Gebet um Kopf und Schultern gelegt wird. Er ist aus dem in der Antike üblichen Obergewand

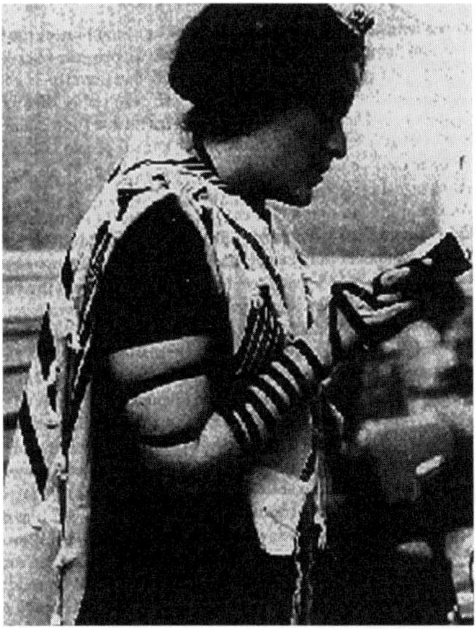

Tefillin an Stirn und Hand

entstanden, einem großen viereckigen Überwurf. An den Ecken des Tallit befinden sich vier weiße Quasten, die so genannten „Schaufäden“ (Zizit). Das Tragen dieser Fäden erfüllt das folgende Tora-Gebot:
„Rede zu den Kindern Jisrael und sprich zu ihnen, dass sie sich Schaufäden machen an die Zipfel ihrer Kleider bei ihren Geschlechtern, und sollen an die Schaufäden des Zipfels eine purpurblaue Schnur ansetzen. Und das sei euch zu Schaufäden, dass wenn ihr sie ansehet, ihr euch erinnert aller Gebote des Ewigen und ihr sie tuet, und ihr nicht umherspähet nach eurem Herzen und nach euren Augen, denen ihr nachbuhlet; damit ihr euch erinnert all meiner Gebote und sie tut, dass ihr heilig seid euerm Gott.“ (Num 15, 38-40)
Manche Juden tragen ständig einen kleinen Tallit unter ihrer Alltagskleidung, dessen Schaufäden offen sichtbar heraushängen.

Tallit

© DORONIA Versand, Stuttgart

Mesusa. Jüdische Häuser oder Wohnungen erkennt man an der Mesusa, einem kleinen Kästchen aus Holz, Metall oder Plastik, das am rechten Türpfosten angebracht ist. Darin ist eine Pergamentrolle mit einer Abschrift des ***Schma Israel*** enthalten. Mit dem Aufhängen der Mesusa wird das biblische Gebot erfüllt: *„Und du sollst sie schreiben auf die Pfosten deines Hauses, und an deine Tore."* (Dt 6, 9) Beim Be-

Mesusa, verschiedene Ausführungen

treten und Verlassen der Wohnung wird die Mesusa mit der Hand berührt und diese dann an die Lippen geführt, um Gott um Schutz zu bitten.

„Wer Zizit am Gewand und Tefillin an seinem Körper trägt und die Mesusa an seine Türpforte schlägt, kann so leicht nicht sündigen.“ (Babylon. Talmud, Menachot 43 b)

Gottesdienst

Nach der Zerstörung des Zweiten Tempels und dem Wegfall des Tempelkults (70 n. Chr.) gewannen die Gottesdienste in den Synagogen an Bedeutung. Es wurde begonnen, für die Synagogengottesdienste, die regional verschieden gefeiert wurden, eine einheitliche Liturgie zu entwickeln. In ihrer Grundstruktur ist diese bis heute erhalten geblieben.

Für einen jüdischen Gottesdienst sind mindestens zehn erwachsene Männer erforderlich (Minjan), die als Repräsentanten des Volkes vor Gott stehen.

Nur in reformierten Gemeinden werden zum Minjan auch die Frauen mitgezählt. Die Anwesenheit eines Rabbiners ist nicht erforderlich. Theoretisch kann jeder jüdische Mann, der die religiöse Volljährigkeit erreicht hat (Bar Mizwa), einen Gottesdienst leiten.
Der liturgische Ablauf für den Gottesdienst besteht im Wesentlichen aus drei Teilen – dem Gebet, der Tora-Lesung und den Pijutim.

Toralesung. Die Lesung aus der Tora bildet den Höhepunkt des Schabbatgebetes in der Synagoge. Bevor und während die Torarolle aus dem Toraschrein herausholt wird, betet und singt die Gemeinde. Wenn der Vorbeter die Rolle feierlich in seine Arme nimmt, zeigt er sie nach allen Seiten und singt: *„Huldigt Gott mit mir, lasst uns zusammen seinen Namen preisen!“* Aus der Tora wird nicht jeden Tag vorgelesen, sondern nur am Schabbat, an Feier- und Fasttagen, sowie montags und donnerstags im Morgengottesdienst. Für jeden Schabbat des Jahres ist ein Wochenabschnitt festgelegt. Auf diese Weise wird die Tora im Laufe eines Jahres einmal durchgelesen.
Zur Lesung der Toraabschnitte werden einzelne Mitglieder der Gemeinde aufgerufen. Weil der hebräische Text der Torarolle ohne Vokalzeichen geschrieben und daher schwer zu lesen ist, sprechen die Aufgerufenen heute meist nur noch die Segenssprüche vor und nach dem Leseabschnitt selbst. Den eigentlichen Toratext trägt ein professioneller Vorleser (Kantor) vor. Dabei wird der Text in einem ganz bestimmten Tonfall gesungen. Im Reformjudentum werden die Toratexte zusätzlich in der Landessprache gelesen.

Haftara. Zusätzlich zur Tora werden am Schabbat und zu den Feiertagen Abschnitte aus den Büchern der Propheten (Tenach) gelesen. Diese Lesung nennt man Haftara.

Gebet. Jeder jüdische Mann ist verpflichtet, drei mal am Tag (morgens, mittags und abends) zu beten. Dies kann inner-

halb eines Synagogengottesdienstes oder zu Hause geschehen. Frauen sind von der Verpflichtung zum Gebet befreit. Die alltäglichen Gebete sind in einem Gebetsbuch, dem ***Siddur,*** gesammelt. Der Siddur enthält außerdem Anleitungen zum Anlegen der Tefillin. Neben dem Siddur gibt es noch ein besonderes Gebetbuch für die verschiedenen Feiertage (***Machsor*** oder ***Moedin***). Darin enthalten sind Gebete und Texte sowie Erklärungen der Festtagsbräuche.
Es gibt zwei Hauptgebete, die täglich gebetet werden: das Schma Israel und das Amida- („Stehen") oder Achtzehn-Gebet (so genannt, weil es ursprünglich aus achtzehn Abschnitten bestand).
Für die Körperhaltung, die beim Gebet eingenommen werden soll, gibt es keine Vorschrift. Manche Juden schaukeln während des Gebetes mit ihrem Oberkörper hin und her. Wann und warum dieser Brauch entstand, lässt sich nicht mehr genau nachvollziehen. Historische Gottesdienstbeschreibungen belegen, dass diese Praxis bereits im 11. Jh. durchgeführt wurde. Eine Erklärung besagt, dass das rhythmische Schaukeln die Umgebung in den Hintergrund treten lässt, und der Betende sich so besser auf sein Gebet konzentrieren kann, ohne abgelenkt zu werden.

Pijutim. Pijutim nennt man poetische Ergänzungen, die den Gebeten zugefügt werden. Die Wurzeln dieser kunstvollen hebräischen Dichtung liegen in den Psalmen der Bibel. Die meisten Pijutim entstanden in spättalmudischer Zeit und im Mittelalter.

Lernen

Der Erziehung und Bildung wird im Judentum ein sehr hoher Stellenwert beigemessen.

Das Schma Israel enthält das biblische Gebot, den Kindern die Worte der Tora einzuschärfen. Dieses Verständnis von Erziehung führte in der Geschichte dazu, dass jüdischen Kindern immer eine gute Bildung zuteil wurde – auch in Zeiten, als dies in christlichen Kreisen ein Privileg der Wohlhabenden war. Bereits im Mittelalter gab es typische jüdische Bildungseinrichtungen: Cheder, Toraschule und Jeschiwa. Hauptlernstoff in diesen Einrichtungen waren die jüdischen Schriften, vor allem Tora und Talmud. Im Alter von fünf Jahren besuchen jüdische Jungen den ***Cheder*** (hebr. „Zimmer", „Klassenzimmer"), eine Art Grundschule mit Unterricht in Hebräisch und Bibelkunde. Mit acht Jahren verlassen sie den Cheder und wechseln zur weiterführenden ***Talmud-Tora-Schule.*** Mit Erreichen der Religionsmündigkeit (Bar Mizwa) im Alter von dreizehn Jahren beginnt ein religiöser Jude sein Studium in einer ***Jeschiwa*** (von hebr. *joschew,* „sitzen"). Die Jeschiwa ist eine Höhere Talmudschule. Hier finden z.B. gelehrte Diskussionen über Probleme der Tora- und Talmudauslegung statt. Das Jeschiwa-Studium kann ein ganzes Leben lang dauern.

Ein Lehrer kann nach jüdischem Verständnis durchaus auch von seinen Schülern lernen: *„Das ist es, was Rabbi Chanina sagte: Viel habe ich von meinen Lehrern gelernt, von meinen Kollegen mehr als von meinen Lehrern, und von meinen Schülern mehr als von ihnen allen."* (Babylon. Talmud, Taanit 7a)

Auch jüdische Mädchen erhalten eine gründliche Ausbildung. Während sich die Jungen vor allem mit dem Studium der Schriften befassen, lernen Mädchen „praktische" Dinge, wie Biologie, Pflanzenkunde, Medizin und Haushaltsführung. Diese Trennung wird jedoch nur noch in streng orthodoxen Kreisen befolgt.
Alle hier beschriebenen traditionellen jüdischen Bildungseinrichtungen sind vor allem im orthodoxen Judentum verbreitet. Weniger orthodoxe Juden schicken ihre Kinder meist auf weltliche Schulen. Hier dient die Beschäftigung mit den religiösen Schriften als Ergänzung zur weltlichen Erziehung.

Kaschrut – die Speisevorschriften

Das Wort *koscher* bezeichnet alles, was dem religiösen Gesetz entsprechend hergestellt oder zubereitet wurde. *Trefe* ist alles, was nicht koscher ist. Die auf Bestimmungen der Tora beruhenden *Kaschrut-Gesetze* erklären, welche Speisen *koscher* sind und wie man sie koscher zubereitet.

Pflanzliche Lebensmittel sind grundsätzlich erlaubt, solange sie dem Religionsgesetz entsprechend hergestellt und zubereitet wurden.
Beim Fleisch gelten zahlreiche Einschränkungen. Man unterscheidet Landtiere, Wassertiere und Geflügel.

Koscher sind folgende Tiere:
Von den Landtieren „alles, was behuft ist und gespaltene Klauen hat und wiederkäuend ist unter den vierfüßigen", d.h. Rinder, Hirsche, etc, aber z.B. keine Kaninchen, keine Kamele (nicht behuft, keine gespaltenen Klauen) und keine Schweine (nicht wiederkäuend).
Von den Wassertieren „alles, was Flossen und Schuppen hat", also fast alle Fische, aber keinen Aal, keine Austern, keine Krebse, etc.
Fast alles Geflügel, bis auf wenige Vogelarten, die in der Bibel (Lev 11, 13-19) einzeln aufgezählt werden (unkoscher sind z.B. einige Raubvögel, Storch und Pelikan).

Der Genuss von Blut ist streng verboten, weil das Blut nach jüdischer Auffassung der Sitz des Lebens ist. Deswegen müssen die Tiere auf ganz spezielle Weise geschlachtet werden. Diese besondere Art des Schlachtens nennt man ***Schächten*** (hebr. *schechita*). Der extra hierfür ausgebildete ***Schächter*** (Schochet) tötet das Tier mit einem einzigen Schnitt durch die Halsschlagader. Dafür muss das Messer tadellos geschärft sein. Nach dieser „schmerzlosen" Art der Tötung wird das Tier so aufgehängt, dass es komplett ausbluten kann. Fisch gilt nicht als Fleisch und muss daher nicht geschächtet werden.

Aus dem Torasatz *„Koche nicht ein Böcklein in der Milch seiner Mutter"* (Ex 23, 19; Ex 34, 26; Dt 14, 21) wurde abgeleitet, dass Fleisch- und Milchprodukte nicht zusammen gekocht oder gegessen werden dürfen.

Generell werden fleischige, milchige und neutrale Lebensmittel unterschieden. Neutrale Lebensmittel, die sowohl mit Milch als auch mit Fleisch gegessen werden dürfen, sind z.B. Obst, Gemüse, Brot, Eier und Fisch. Diese Lebensmittel nennt man koscher-***parwe.***

Die Trennung von Milch und Fleisch hat vielfältige Auswirkungen. So kann Fleisch z.B. nicht mit Butter gebraten werden oder mit Sahnesoße verfeinert werden. So gängige Gerichte wie Salamipizza, Cheeseburger und Lasagne sind nicht koscher. Auch der Milchkaffee nach einem üppigen Steak ist nicht erlaubt. Erst mehrere Stunden nach dem Verzehr von Fleisch dürfen wieder Milchprodukte genossen werden, um sicherzustellen, das kein Fleisch mehr im Magen ist. Nach Milchgenuss beträgt die Wartezeit bis zur nächsten Fleischmahlzeit nur eine halbe Stunde, da Milch schneller verdaut wird.

Die Trennung von Fleisch und Milch ist im orthodoxen Judentum so streng, dass sie auf die gesamte Küche angewendet wird. Es gibt getrenntes Geschirr und Besteck, getrennte Töpfe, Tische, Küchentücher und Spülmaschinen.

Kleidung und Haartracht

In der Tora finden sich keine detaillierten Kleidungsvorschriften. Als typisch jüdisch empfundene Kleidungsstücke, wie die schwarzen Gewänder einiger orthodoxer Gruppen oder die Pelzmützen osteuropäischer Juden, entstanden erst im Laufe der Geschichte und werden nur von einem kleinen Teil der Juden getragen. Orthodoxe Juden bevorzugen meist schlichte, schwarze Kleidung. Orthodoxe Frauen tragen

Kleider, die Schultern und Knie bedecken. Die meisten Juden unterscheiden sich in ihrer Kleidung jedoch nicht von den Angehörigen anderer Religionsgemeinschaften.

Kopfbedeckung. Beim Betreten einer Synagoge oder eines Friedhofs, beim Beten und Feiern tragen die meisten jüdischen Männer eine Kopfbedeckung, in der Regel ein kleines rundes Käppchen, die so genannte ***Kippa.*** Das Bedecken des Kopfes gilt als Zeichen der Ehrfurcht vor Gott. Diese Tradition hat sich erst im Laufe der Geschichte entwickelt, sie geht nicht auf ein Gebot der Tora zurück. Einige religiöse Juden tragen tagsüber ständig eine Kippa oder einen Hut.
Bei verheirateten, orthodoxen Frauen gilt es als unschicklich, die Haare in der Öffentlichkeit zu zeigen. Daher bedecken sie diese mit einem Tuch oder einem Hut oder tragen eine Perücke. Auch hier gibt es regionale Unterschiede.

Bart und Schläfenlocken. Orthodoxe jüdische Männer, vor allem in chassidischen Kreisen, haben oft lange Schläfenlocken und mehr oder weniger lange Bärte. Diese traditionelle jüdische Haartracht wird mit folgendem Toravers begründet: *„Ihr sollt nicht rund abnehmen die Seitenenden eures Haupthaares und nicht zerstören die Enden deines Bartes“*. Die Schläfenlocken werden ***Peot*** oder ***Pejes*** genannt.

Lebenslauf

Beschneidung (Brit Mila)

Am achten Tag nach der Geburt werden alle jüdischen Jungen beschnitten, d.h., die Vorhaut des männlichen Gliedes wird entfernt. Durch die Beschneidung tritt der Junge in den ***Bund*** *(Brit)* ein, den Gott mit Abraham geschlossen hat: „Und Gott sprach zu Abraham: Auch du sollst meinen Bund bewahren, du und dein Samen nach dir für ihre Geschlechter. Das ist mein Bund, den ihr bewahren sollt, zwischen mir und dir und deinem Samen nach dir: Beschnitten werde bei euch jegliches Männliche. Und ihr sollt beschnitten werden an eurem Gliede der Vorhaut, und das sei euch zum Zeichen des Bundes zwischen mir und euch." (Gen 17, 9–11)
Während der Zeremonie, die von einem speziell geschulten Beschneider ***(Mohel)*** vorgenommen wird, bekommt das Kind seinen Namen. Anschließend feiern die Eltern mit Familie und Freunden die Zugehörigkeit ihres Sohnes zur jüdischen Gemeinschaft, die mit der Beschneidung besiegelt wurde.
Mädchen werden nicht beschnitten. Sie erhalten am ersten Schabbat nach der Geburt in der Synagoge ihren Namen.

Bar Mizwa und Bat Mizwa

Die religiöse Volljährigkeit erreicht ein jüdischer Junge im Alter von 13 Jahren. Dieser Lebensabschnitt wird mit der Bar Mizwa-Feier feierlich begangen.
Zum ersten Mal in seinem Leben legt der Junge Gebetsriemen (Tefillin) und Gebetsschal (Tallit) an. In der Synagoge

wird er dazu aufgerufen, aus der Tora zu lesen. Er ist jetzt ein vollmündiges Mitglied der Gemeinde, mit allen Rechten und Pflichten, die dazu gehören. Auch wenn es darum geht, die Mindestzahl von zehn jüdischen Männern für die Feier eines Gottesdienst ***(Minjan)*** zu erreichen, wird er nun dazu gezählt. Nach dem Gottesdienst in der Synagoge wird die Bar Mizwa in der Familie groß gefeiert. Religiöse Juden in Jerusalem feiern den Gottesdienst, bei dem der 13-jährige Junge zum ersten Mal an der Toralesung beteiligt wird, häufig nicht in einer Synagoge, sondern an der ***Westmauer*** des ehemaligen jüdischen Tempels (Kotel).

Bar Mizwa bedeutet „Sohn der Pflicht", denn der 13-Jährige ist von nun an selbst dafür verantwortlich, dass er die religiösen Pflichten, die Gebote der Tora, einhält.

Auch die Bat-Mizwah-Feier findet in der Synagoge statt. Das Mädchen liest dabei allerdings nicht aus der Tora und legt auch keine Gebetsriemen an, da dies Sache der Männer ist. Es muss und darf aber von nun an alle religiösen Pflichten der Frau erfüllen. Dazu gehört zum Beispiel das Anzünden der Schabbatkerzen. Eine Ausnahme bildet das Reformjudentum: Hier werden auch Mädchen zur Toralesung in der Synagoge aufgerufen.

Mädchen erreichen ihre religiöse Mündigkeit mit 12 Jahren. Sie sind dann Bat Mizwah, „Tochter der Pflicht".

Hochzeit (Chatuna)

Eines der bedeutendsten Feste im Leben eines Juden ist die Hochzeit.

Daher sind auch Rabbiner verheiratet. Die Hochzeit ist sogar Voraussetzung für die Übernahme des Rabbineramtes. Auch das Großziehen von Kindern ist religiöse Pflicht. Es erfüllt so das Gebot: *„Seid fruchtbar und mehrt euch"* (Gen 1, 28). Sexualität gilt im Judentum nicht als frevel-

Für ein religiöses, Gott ergebenes Leben ist die Familie als Rahmen unerlässlich. Das Zölibat ist nach jüdischer Vorstellung eine Missachtung der Schöpfung, da Gott die Frau dem Mann zur Gefährtin gemacht hat.

haft, sondern als etwas Positives, von Gott in seiner Schöpfung Vorgesehenes. Sie ist allerdings an den Rahmen der Ehe gebunden. Dieses Verständnis von Sexualität beruht auf dem Toravers „*Darum verlässt der Mann seinen Vater und seine Mutter und hängt an seinem Weibe, und sie werden zu Einem Fleische.*“ (Gen 2, 24) Die im Christentum weit verbreitete Körperfeindlichkeit ist dem Judentum fremd, weil der Mensch als Ganzes von Gott geschaffen wurde.
Hochzeiten werden oft unter freiem Himmel in großem Rahmen mit vielen Gästen gefeiert.

Während der eigentlichen Zeremonie steht das Paar mit dem Rabbiner und den engsten Familienangehörigen unter der ***Chuppa,*** dem Hochzeitsbaldachin, dem auffälligsten Zeichen einer Hochzeit. Der von vier Stangen gehaltene Baldachin symbolisiert das Heim des Ehepaares, das sie als Heiligtum betrachten sollen. Bereits bei seiner Beschneidung im Alter von acht Tagen wird einem jüdischen Jungen der Wunsch mit auf den Weg gegeben, er möge „heranwachsen zur Tora, zur Chuppa und zu guten Taten“.

Vor der Zeremonie unter der Chuppa wird als erstes Zeichen der einzugehenden Ehe vom Bräutigam und zwei Zeugen der Ehevertrag unterschrieben, die ***Ketubba.*** In diesem Vertrag legt der Bräutigam unter anderem fest, wie viel Unterhalt seiner Braut im Falle einer Scheidung oder im Falle seines vorzeitigen Todes zusteht. Früher war die Ketubba ein wichtiges Dokument für die Versorgung geschiedener und verwitweter Frauen. Heute hat sie – abgesehen von orthodoxen Kreisen – mehr symbolischen Charakter.

Ist das Brautpaar mit den Eltern unter der Chuppa eingetroffen, spricht der Rabbiner den Segen über einen Becher Wein, aus dem Braut und Bräutigam trinken. Der Bräutigam steckt seiner Braut einen Ring auf den Finger und spricht dabei auf Hebräisch folgenden Satz: „Mit diesem Ring bist Du mir angeheiligt nach den Gesetzen von Moses und Israel.“ Nur im Reformjudentum ist es üblich, dass auch die Frau dem Mann einen Ring ansteckt. Anschließend wird die Ketubba vorgelesen. Manchmal hält der Rabbiner eine Ansprache. Dann werden sieben Danksprüche vorgetragen oder gesungen, die von der Freude des Paares aneinander handeln, die nur noch von der Freude über das wiedererbaute Jerusalem übertroffen wird.

Am Ende der Trauzeremonie zerbricht der Bräutigam mit einem kräftigen Tritt ein auf dem Boden liegendes Glas. Dies geschieht zum Gedenken an die Zerstörung des Tempels in Jerusalem, die auch in Augenblicken größter Freude nicht vergessen werden soll.

Mit lauten *masal tow*-Rufen (Viel Glück!) wird das Paar beglückwünscht. Im Anschluss an die Zeremonie wird mit Musik und Tanz und gutem, reichlichen Essen gefeiert.

Scheidung

Trotz der wichtigen Stellung der Ehe ist im Judentum unter bestimmten Voraussetzungen auch eine Scheidung möglich und durchaus üblich. So zum Beispiel, wenn die Ehepartner sich nicht verstehen, die Ehe kinderlos bleibt oder die Frau misshandelt wird. Zur Scheidung bedarf es einer schriftlichen Urkunde, die nur von ***Rabbinern*** ausgestellt werden kann.

Tod und Trauer

Der Tod gehört für Juden als Selbstverständlichkeit zum Leben. Wenn der Tod eintritt, beten die Angehörigen oder dem Verstorbenen nahe stehende Personen das ***Schma Israel,*** in dem sie den Glauben an Gott bekennen, und zünden ein ▶S.60

Jüdische Hochzeit

Auszug aus der Ketubba
„Wir sind Zeugen dessen, das der Bräutigam (Name) der Braut (Name) gesagt hat: Sei meine Frau nach der Religion Moses und israels. Und mit Gottes Hilfe arbeite ich, ehre ich dich, sorge für deinen Unterhalt, ernähre und kleide dich, wie es die Sitte der Menschen Israels ist, die ihre Frauen aufrichtig ernähren. Und gebe dir den Gesamtbetrag von zweihundert Dinar, die dir zustehen. Und ich verpflichte mich hiermit, dich zu unterhalten, für deine Nahrung zu sorgen und für deine Bekleidung, sowie auch, deine anderen Bedürfnisse zu befriedigen, und mit dir entsprechend den Sitten des Landes Geschlechtsverkehr zu haben. Alles, damit sie (Name) zufrieden ist und meine Frau wird.“

שטר

Kinder

Die jüdische Religion ist sehr kinderfreundlich. Kinder gelten als Geschenk Gottes. Ein wichtiger Teil jüdischen Lebens spielt sich in der Familie ab. Die Kinder werden von klein auf mit einbezogen. Sie lernen die Geschichten der Bibel und die Bedeutungen der Festbräuche. Besonders beliebt bei jüdischen Kindern sind die Feste Chanukka und Purim.

Bar Mizwa-Feier in Jerusalem an der Westmauer

„Da ein Sohn ich war, zart und einzig, meines Vaters, meiner Mutter, unterwies er mich und sprach zu mir: Es erfasse meine Worte dein Herz, wahre meine Gebote, und du lebst."
(Sprüche 4, 3–4)

Purim ist ein Fest der Kinder: Sie können sich verkleiden, Krach machen und feiern.

Ein Junge aus einer orthodoxen Familie in Mea Shearim, Israel.

„Und Gott segnete den Noach und seine Söhne und sprach zu ihnen: Seid fruchtbar und mehret euch und füllet die Erde."
(1 Moses 9,1)

„Die Krone der Greise sind Kindeskinder und der Schmuck der Kinder ihre Eltern."
(Sprüche 17,6)

„Siehe ein Geschenk des Ewigen sind Söhne, ein Lohn die Leibesfrucht."
(Psalm 127, 4)

Licht an. Traditionell zerreißen sie zum Zeichen des Schmerzes und der Trauer ein Stück ihrer Kleidung.

Der Tote wird gewaschen, mit einem einfachen weißen Gewand bekleidet und auf die Erde gelegt. Die Beerdigung muss so schnell wie möglich nach dem Tod erfolgen. Am Schabbat und den Feiertagen finden keine Beerdigungen statt. Die Toten werden in schlichten Särgen beerdigt, oder, wie in Israel üblich, in Tücher gehüllt in das Grab gesenkt. Das soll ausdrücken, dass im Tod alle gleich sind. Tote werden nicht in offenen Särgen aufgebahrt. Für religiöse Juden ist die Einäscherung verboten, da im Gen 3,19 steht: *„Im Schweiße deines Angesichts sollst du Brot essen, bis du kehrest zu dem Erdboden, denn von ihm bist du genommen. Denn Staub bist du und zum Staube zurück kehrst du."*

Die Versorgung der Toten wird üblicherweise von der örtlichen *Chewra Kadischa*, der Beerdigungsgesellschaft, durchgeführt.

Das wichtigste Gebet zur Beerdigung ist das ***Kaddisch,*** eines der ältesten jüdischen Gebete, das in aramäischer Sprache vorgetragen wird. Es ist ein Gebet zum Lobpreis Gottes und enthält die Bitte um Rettung und Erlösung. Voraussetzung dafür, dass das Kaddisch gesprochen werden kann, ist die Anwesenheit eines ***Minjans,*** also von zehn männlichen Erwachsenen.

Nach der Beerdigung sitzen die engsten Familienangehörigen sieben Tage lang ***Schiwa*** im Haus des Verstorbenen, das heißt sie gehen nicht aus und verrichten keine Arbeit. Man sitzt auf dem Boden oder auf niedrigen Stühlen, trägt keine ledernen Schuhe, badet nicht mit warmem Wasser, rasiert sich nicht und schneidet sich nicht die Haare. Aus der Bibel wird vor allem das Buch Hiob gelesen. Abends und morgens hält man einen Gottesdienst und spricht das Kaddisch, sofern genügend Männer anwesend sind. Nur am Schabbat wird die Schiwa unterbrochen, weil die Freude über den Schabbat stärker ist als der Tod. Ein Feiertag beendet die Schiwa sogar, d.h. wenn zum Beispiel der zweite Tag nach der Beerdigung

auf Pessach fällt, dann wird danach nicht mehr weiter Schiwa gesessen.
Die zweite Phase der Trauer sind die ersten dreißig Tage nach dem Tod des Angehörigen. In dieser Zeit schneidet man sich weiterhin nicht die Haare, feiert nicht und vermeidet es, Musik zu hören. Jeweils am Jahrestag des Todes zünden die Hinterbliebenen ein Licht an, das 24 Stunden lang brennt. Der Sohn des Verstorbenen liest an diesem Tag noch einmal das Kaddisch.

Zeiteinheiten

Der Kalender

Die kleinste Einheit im jüdischen Kalender ist wie im weltlichen Kalender der Tag. Ein Tag umfasst 24 Stunden, er beginnt und endet mit dem Sonnenuntergang, genau dann, wenn es so dunkel geworden ist, dass drei Sterne am Himmel erkennbar sind. In der Schöpfungsgeschichte der Tora heißt es dazu: „Und es ward Abend und ward Morgen: Ein Tag." (Gen 1, 5).
Spuren dieser jüdischen Vorstellung findet man im christlichen Kalender in den Bezeichnungen „Sonnabend" (der Abend vor dem Sonntag) und „Heiligabend" (der Abend vor dem ersten Weihnachtstag).

Die jüdische Woche hat sieben Tage, der erste ist der Sonntag – im Hebräischen heißt er deshalb Jom Rischon, „erster Tag". Auch die nachfolgenden Tage haben keine speziellen Namen, sondern heißen „zweiter Tag", „dritter Tag" usw. Eine Ausnahme bildet der letzte Tag der Woche, der Schabbat. Er ist ein Ruhetag, für den besondere Regeln gelten. Die Sieben-Tage-Woche geht zurück auf die Schöpfungsgeschichte, nach der Gott die Welt an sechs Tagen erschuf und am siebenten Tag ruhte.

Die Monate im jüdischen Jahr haben 29 oder 30 Tage. Dies entspricht dem astronomischen Mondmonat: in 29 1/2 Tagen kreist der Mond einmal um die Erde und durchläuft dabei die verschiedenen Mondphasen (Neumond, zunehmender Mond, Vollmond, etc.). Der jüdische Monat beginnt mit dem

Neumond (Rosch Hodesch). Die Namen der Monate sind babylonischen Ursprungs. Das jüdische Jahr umfasst 12 Monate und damit 354 Tage. Dies sind 11 Tage weniger als die des astronomischen Sonnenjahres (in etwa 365 Tagen kreist die Erde einmal um die Sonne). Daher wird nach einer komplizierten Rechnung in manchen Jahren ein 13. Monat (Schaltmonat) eingeschoben. So wird das Mondjahr an das Sonnenjahr angepasst. Dies verhindert, dass die an die Monate gebundenen Feiertage durch die natürlichen Jahreszeiten wandern, die durch den Lauf der Erde um die Sonne bestimmt werden.

Der jüdische Kalender ist also eine Kombination aus Sonnen- und Mondkalender.

Das jüdische Jahr beginnt mit dem Neujahrsfest (Rosch ha-Schana) im Herbst, dem Ende der Trockenzeit in Israel.

Die Abbildung auf S. 63 zeigt die jüdischen Monatsnamen im Jahreskreis neben den uns bekannten römischen. Der Tabelle auf S. 63 kann man die Daten der wichtigsten jüdischen Feste entnehmen.
Die jüdische Zeitrechnung beginnt nicht wie die christliche mit der Geburt Jesu, sondern mit der Erschaffung der Welt. Diese fand nach jüdischer Vorstellung vor fast 5800 Jahren statt. Das genaue Datum haben jüdische Gelehrte anhand der verschiedenen Zeitangaben in der Bibel errechnet. Dementsprechend begann zum Beispiel im Herbst des weltlichen Jahres 2000 das jüdische Jahr 5761.

Die momentan gültige Jahreszahl lässt sich nach der Formel *weltliches Jahr plus 3760* (bzw. 3761, wenn das Neujahrsfest schon vergangen ist) leicht errechnen.

Das Leben in Israel richtet sich heute sowohl nach dem jüdischen als auch nach dem international gebräuchlichen weltlichen Kalender. Zeitungen und amtliche Schreiben tragen stets beide Daten.

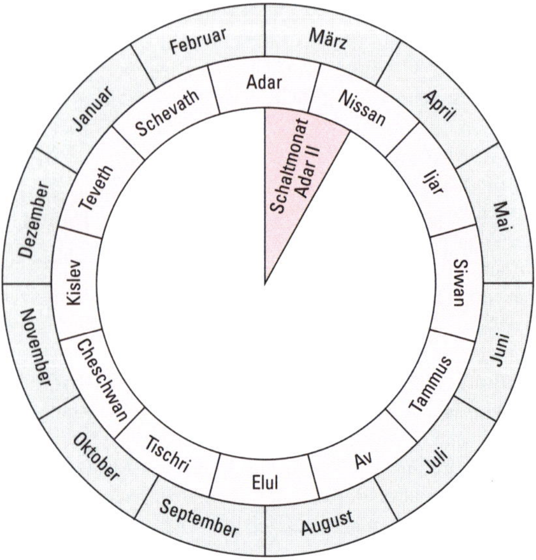

Die jüdischen Monatsnamen im jüdischen Jahreskreis neben den römischen

1./2. Tischri	Rosch ha-Schana	September–Oktober
10. Tischri	Jom Kippur	September–Oktober
15.–23. Tischri	Sukkoth	September–Oktober
25.–3. Cheschwan	Chanukka	Dezember
14. Adar	Purim	März
15.–22. Nissan	Pessach	April
6.–7. Siwan	Schawuoth	Mai–Juni

Die Daten der wichtigsten jüdischen Feste

Der Schabbat

Für den Schabbat, den siebten Tag und Höhepunkt der jüdischen Woche, gelten besondere Regeln, deren Einhaltung zu den höchsten Geboten des jüdischen Glaubens zählen. Die so genannte Schabbatruhe geht auf die folgenden Verse aus der biblischen Schöpfungsgeschichte zurück: „Und Gott hatte vollendet am siebenten Tage sein Werk, das er gemacht, und ruhete am siebenten Tage von all seinem Werke, das er gemacht. Und Gott segnete den siebenten Tag und heiligte ihn, denn an demselben ruhete er von all seinem Werke, das Gott geschaffen, um es zu fertigen." (Gen 2, 2-3)

> Im zweiten Buch Moses (Ex 20, 9–10) steht: *„Sechs Tage kannst du arbeiten und all deine Werke verrichten: Aber der siebente Tag ist Feiertag dem Ewigen deinem Gott; da sollst du keinerlei Werk verrichten, du und dein Sohn und deine Tochter, dein Knecht und deine Magd und dein Vieh, und dein Fremder, der in deinen Toren."*

Bemerkenswert ist, dass die Schabbatruhe alle – Männer, Frauen, Kinder, Knechte – mit einbezieht. Dies ist ein wichtiger sozialer Aspekt.

Das allgemeine Arbeitsverbot wird durch zahlreiche detaillierte Regeln in Tora und Talmud weiter ausgeführt. So darf man am Schabbat z.B. kein Feuer anzünden, nicht kochen, nicht reisen, nicht pflügen, nicht ernten, keinem Handwerk nachgehen, nicht schreiben und keine Lasten tragen. Aus den alten Regeln lassen sich neue, auf das moderne Leben abgestimmte ableiten: Weil das Feueranzünden verboten ist, darf man auch nicht rauchen, Auto fahren (wegen des Zündfunkens, der den Motor in Gang setzt) oder elektrischen Strom einschalten. Umgekehrt kann man auch moderne Errungenschaften nutzen, um den Vorschriften Genüge zu tun: Zeitschaltuhren, spezielle Warmhalteplatten, die am Freitag programmiert werden.

Schabbatkerzen und Challa

Der Schabbat als Ruhetag gilt als Geschenk Gottes. Laut Tora ist der Schabbat ein Zeichen des Bundes zwischen Gott und dem Volk Israel (Ex 31, 16–17). Im Talmud wird er zu den Dingen gezählt, die einen Vorgeschmack auf die kommende Welt bieten. Häufig wird der Schabbat in der jüdischen Literatur – vor allem in der mystischen – als Königin oder Braut bezeichnet.

Wie jeder jüdische Tag beginnt auch der Schabbat mit dem Sonnenuntergang. Alle nötigen Vorarbeiten (wie das Backen des Schabbatbrots, der Challa, s. Rezept S. 68 f.) und das Kochen werden daher am Freitagnachmittag erledigt. Kurz vor dem Sonnenuntergang zündet die Frau des Hauses zwei Schabbatkerzen an und leitet mit dem folgenden Segensspruch den Schabbat ein:

Gesegnet seiest du, Herr, unser Gott, König der Welt, der du uns geheiligt hast durch deine Gebote und uns befohlen hast, das Licht des Schabbats zu entzünden.

Bessamin-Büchsen

Nach dem Anzünden der Schabbatkerzen gehen religiöse Juden in die Synagoge, um dort mit einem Gottesdienst den Schabbat zu empfangen (Kabbalat Schabbat).
Die Mahlzeit am Schabbatabend (Freitagabend) wird mit einem Segensspruch über Wein und Brot begonnen (Kiddusch). Am Samstagvormittag wird in der Synagoge der wöchentliche Abschnitt Tora vorgelesen. Am Samstagabend endet der Schabbat mit Sonnenuntergang. Er wird mit einer besonderen Zeremonie ***(Hawdala)*** verabschiedet. Dabei wird der Segen über Wein und wohlriechende Kräuter gesprochen, die in eine Bessamin-Büchse gefüllt wurden. An der Bessamin-Dose (Bessamin, hebr. „Wohlgeruch") wird gerochen, um den „Wohlgeruch des Schabbat" in die Woche zu tragen.

Challah

Zutaten:
1 Esslöffel Trockenhefe
1 Esslöffel Zucker
1 Teelöffel Salz
etwa 700-800 Gramm Mehl
2 Eier (verquirlt)
5 Esslöffel Pflanzenöl
200-300 ml Wasser (lauwarm)

Für die Glasur:
1 Ei
Prise Salz
Prise Zucker
Mohnsamen nach Bedarf

Vorbereiten der Challah
Hefe und den Zucker in einer Schüssel mischen und langsam das Wasser unterrühren. Die Oberfläche der Mischung mit etwas Mehl bestäuben.
Mit einem Geschirrtuch abdecken und etwa 10 bis 15 Minuten warten, bis die Mischung leicht blasig und schaumig ist. Unter diese Mischung das Salz, das Öl und die Eier unterschlagen. Dann immer mehr Mehl hinzugeben, bis das Mehl verbraucht ist.
Den Teig kräftig durchkneten, bis er nicht mehr klebt. Notfalls noch etwas Mehl hinzugeben. Dann den Teig in eine große (der Teig wird doppelt so groß!) Schüssel (zuvor dünn ausfetten) geben und ein wenig Öl auf die Oberfläche spritzen.
Die Mischung in der Schüssel wieder mit einem Tuch abdecken und an einem warmen Ort etwa zwei Stunden gehen lassen.
Den Teig in zwei Hälften aufteilen. Davon jedes Teil nochmals dritteln und daraus zwei Zöpfe flechten. Die beiden Laibe noch einmal für zwei Stunden an einen warmen Ort stellen.

Die Glasur auftragen. Das Ei mit Salz und Zucker verquirlen und auf die Laibe streichen. Eventuell Mohnsamen aufstreuen.
Bei etwa 190 C im vorgeheizten Ofen backen, bis die Challah gebräunt ist.

Guten Appetit!

Feste und Feiertage

Die wichtigsten jüdischen Feste und Feiertage sind bereits in der Tora vorgeschrieben. Man unterscheidet die so genannten ***Hohen Feiertage*** (auch „Gewaltige Tage“ – *Jamim Noraim*) von den drei ***Wallfahrtsfesten.***

Die drei Wallfahrtsfeste. Die Wallfahrtsfeste *Pessach, Schawuot* und *Sukkot* sind wahrscheinlich die ältesten Feste im jüdischen Kalender. Sie werden an verschiedenen Stellen in der Tora erwähnt (z.B. Ex 23, 14–17, Ex 34, 18–24, Dt 16, 1–17).
Die Bezeichnung „Wallfahrtsfeste“ stammt aus einer Zeit, als der jüdische Tempel in Jerusalem noch nicht zerstört war. Damals pilgerte man zu den Wallfahrtsfesten nach Jerusalem in den Tempel und brachte Opfer dar, wie es in der Tora vorgeschrieben wurde. Das Darbringen von Opfern war jedoch an den Tempel gebunden. Daher hat sich die Gestalt der drei Feste nach der Zerstörung des Tempels (70 n. Chr.) stark verändert.

Die inhaltliche Bedeutung der Wallfahrtsfeste hat jeweils zwei Aspekte: einen landwirtschaftlichen und einen historischen. Es sind Erntefeste, die gleichzeitig an wichtige Ereignisse aus der Geschichte des Volkes Israel erinnern.

Die Hohen Feiertage. In religiösen Kreisen werden sie auch als die *„Gewaltigen Tag“ – „Jamim Nora'im“* bezeichnet. Es sind Tage, an denen man sich der Verantwortung für sein eigenes Leben bewusst werden soll, an denen man umkehren und neu beginnen kann.
Zusätzlich gibt es eine Vielzahl von kleineren Festtagen, die

in der Bibel erwähnt, aber heute kaum noch begangen werden. Hierzu zählt Rosch Chodesch, der Monatsanfang.

Die Hohen Feiertage *Rosch ha-Schana* und *Jom Kippur* sind die wichtigsten Feiertage im jüdischen Festkalender.

Neben den biblischen Festen gibt es auch Feste, die nicht in der Tora belegt sind, aber dennoch eine wichtige Rolle spielen, zum Beispiel das Lichterfest *Chanukka,* das karnevalsähnliche *Purim* sowie den Trauertag ***Tischa be-Aw.***
Ein relativ neuer Trauertag ist ***Jom ha-Shoa,*** der Gedenktag für die Opfer des Holocaust.
Seit Gründung des Staates Israel (1948) wird der israelische Unabhängigkeitstag, ***Jom ha-Atzmaut,*** auch in vielen jüdischen Gemeinden außerhalb Israels gefeiert.

Pessach

15.–22. Nissan (März/April)
Bedeutung: Erinnerung an den Auszug des Volkes Israel aus Ägypten (Exodus). Frühlingsfest: Ende der Regenzeit, Beginn des Erntejahres mit dem Beginn der Gerstenernte.
Name: Der Name Pessach kommt vom hebräischen passach, das „er überging" bedeutet. Die Tora berichtet, dass die Israeliten vor dem Auszug aus Ägypten (Exodus) ein Lamm schlachteten, mit dessen Blut sie ihre Häuserpfosten kennzeichneten. Gott verschonte die Israeliten von seinen über die Ägypter verhängten Plagen, indem er die mit dem Blut gekennzeichneten Häuser „überging". (Ex 12, 13)
Besondere Merkmale: Vor Beginn des Festes wird das Haus gründlich gereinigt. Es darf kein Sauerteig mehr vorhanden sein. Dazu zählt auch, dass man sämtliche Getreideprodukte (Brotreste, altes Mehl, Müsli, Pizza, etc.) entfernt. Während des sieben Tage dauernden Festes werden statt Sauerteig oder Lebensmitteln mit gegorenen Bestandteilen nur ungesäuertes Brot (***Mazza,*** Pl. Mazzot) und daraus hergestellte Produkte verzehrt. Der Tradition zufolge erfolgte der Aufbruch aus Ägypten so hastig, dass die Zeit zum Gärungspro-

zess der Reiseverpflegung nicht abgewartet werden konnte. Der erste Abend des Pessachfestes wird in der Familie bei einem besonders üppigen Mahl mit bestimmten symbolischen Speisen und einem festgelegten Ablauf gefeiert. Man nennt ihn ***Sederabend*** (*seder,* hebr. „Ordnung"), weil er nach einer genau vorgeschriebenen Ordnung begangen wird. Es gibt ein eigens dafür vorgesehenes Buch, die ***Pessach-Haggada,*** das den gesamten Festablauf enthält und aus dem vor, während und nach der Mahlzeit Texte vorgelesen und Lieder gesungen werden. Die am häufigsten verwendete Hagadda stammt bereits aus dem 10. Jh. Die Texte erzählen vor allem die Geschichte vom Auszug aus Ägypten und erklären die verschiedenen Pessachbräuche und -speisen. In der Tora wird die Pflicht erwähnt, den Kindern vom Auszug der Israeliten aus Ägypten zu erzählen. Das Fest hat einen ausgesprochen fröhlichen Charakter.
Der Tag, der mit dem Sederabend beginnt und der siebte Tag des Pessachfestes sind Ruhetage wie der Schabbat. Die Tage dazwischen sind so genannte Halbfeiertage, an denen ein eingeschränktes Arbeitsverbot gilt.
Ablauf des Sederabends: Auf der festlich gedeckten Tafel steht der Sederteller mit den traditionellen symbolischen Speisen: drei Scheiben ungesäuertem Brot, einem gebratenen Lammknochen, grünen Kräutern, einem Schälchen Salzwasser, Bitterkräutern, süßem Mus und einem gekochten Ei.

Nach dem Kerzenanzünden durch die Frau (ähnlich wie am Schabbatabend) und dem Besuch der Synagoge beginnt das eigentliche Sedermahl nach folgender Ordnung:

1. Überprüfung durch den Sederleiter (meist der Vater der Familie), ob alle nötigen Symbole/Speisen vorhanden sind.
2. Eröffnung mit Segensspruch (***Kiddusch,*** ähnlich wie am Schabbatabend) und Dankesspruch für den Feiertag, Trinken des ersten Bechers Wein.
3. Händewaschen des Sederleiters.
4. Eintauchen des Grünkrauts in das Salzwasser und Verzehr.

Sederteller

5. Zeigen des ungesäuerten Brots und Erläuterung seiner Bedeutung durch den Sederleiter.
6. Der Jüngste (oder mehrere Kinder) stellt vier Fragen, die mit „was ist anders in dieser Nacht?“ beginnen. So wird der Sinn von vier Pessachbräuchen erkundet.
7. Beantwortung der Fragen durch Lesen aus der Pessach-Haggada. Die vorgelesenen Texte beziehen sich alle auf den Auszug aus Ägypten.
8. Singen der Psalmen 113 und 114, Dankspruch für die Erlösung aus der ägyptischen Sklaverei, Trinken des zweiten Bechers Wein.
9. Händewaschen und Segensspruch.
10. Teilen des ungesäuerten Brots durch den Sederleiter, Verzehr durch alle Teilnehmer.
11. Verzehr von Bitterkräutern, Charosset und gekochtem Ei.
12. Festmahl.
13. Afikoman (siehe Kasten, S. 74).
14. Tischdankgebet, Segensspruch, Trinken des dritten Bechers Wein.
15. Singen der Psalmen 115, 116, 117 und 136.
16. Segensspruch zum Abschluss des Sederabends, Trinken des vierten Bechers Wein.
17. Singen verschiedener traditioneller Pessachlieder.

Verschiedene Pessachbräuche und ihre Bedeutung

Das ungesäuerte Brot erinnert an den überstürzten Aufbruch aus Ägypten, der für das Ansetzen von Sauerteig keine Zeit mehr ließ. Es besteht nur aus Mehl, Salz und Wasser und erinnert in seinem Aussehen und seinem Geschmack an Knäckebrot.

Nach dem Festmahl wird ein Teil des ungesäuerten Brots, der Afikoman (griechisch „Nachspeise"), versteckt. Die Kinder müssen ihn suchen und erhalten dafür Süßigkeiten.

Während des Sederabends sitzt man angelehnt. Dies ist ein Zeichen für die Freiheit, da bequemes, angelehntes Sitzen im Altertum den freien Menschen (nicht den Sklaven) vorbehalten war.

Ein Sitzplatz am Tisch bleibt immer frei. Dort steht ein Becher mit Wein für den Propheten Elijahu (Elias), der als Vorbote für die Ankunft des Messias gilt. Außerdem lässt man die Tür offen stehen, damit Elijahu im Falle seiner Ankunft auch eintreten kann.

Zum Abschluss des Sederabends wünscht man sich: „Nächstes Jahr in Jerusalem!" Dieser Spruch drückt die Sehnsucht der Juden in der Diaspora aus, nach Jerusalem zurückzukehren. Er erinnert auch daran, dass Pessach ursprünglich ein Wallfahrtsfest war.

Ein bei askenasischen Juden verbreitetes Gericht zu Pessach ist „Gefillte Fisch", ein mit würziger, gekochter Fischmasse gefüllter Fisch, der kalt gegessen wird. Außerdem isst man „Knödelach-Suppe", eine Suppe mit Klößchen aus ungesäuertem Brot.

Schawuot – das Wochenfest

6. Siwan (7 Wochen nach Pessach, Mai/Juni)
Bedeutung: Dank für die Offenbarung der Tora durch Gott auf dem Berg Sinai, Fest der Erstlingsfrüchte (Erntefest).
Name: Das hebräische Wort *schawuot* heißt „Wochen", auf Deutsch wird das Fest daher auch ***Wochenfest*** genannt.

Besondere Merkmale: Als der Tempel in Jerusalem noch stand, pilgerte man an Schawuot dort hin und brachte die Erstlingsfrüchte (in Form von Broten aus dem frisch geernteten Getreide) als Opfer dar. Heute steht beim Wochenfest die Feier der Offenbarung der Tora, insbesondere der Zehn Gebote im Mittelpunkt. Deswegen verbringen einige Juden die ganze Nacht mit dem Studium der Tora.
Traditionell isst man an Schawuot Milchprodukte, um an die Zeit zu erinnern, als das Volk mit den Gesetzen auch die Vorschriften zur Kaschrut erhielt. Das alte Fleisch war unbrauchbar. In den Tagen, bis rituell reines Fleisch vorbereitet werden konnte, wurden milchige Speisen gegessen.

Sukkot – das Laubhüttenfest

15–22. Tischri (Oktober)
Name: *Sukkot* ist der Plural des hebräischen Worts sukka und bedeutet Hütten. Daher rührt auch die deutsche Bezeichnung ***Laubhüttenfest.***
Bedeutung: Erinnerung an die Wüstenwanderung des Volkes Israel auf dem Weg von Ägypten zum gelobten Land, Fest der Weinlese und der Obsternte.
Besondere Merkmale: Als Erinnerung an die Zelte in der Zeit der Wüstenwanderung wird unter freiem Himmel eine provisorische Hütte aus Zweigen, Blättern, Bambusstangen, geflochtenen Strohmatten gebaut und festlich geschmückt. Während des einwöchigen Festes hält man sich so viel wie möglich in dieser Hütte auf und nimmt hier seine Mahlzeiten zu sich, soweit dies die Witterungsverhältnisse zulassen.
Zu Sukkot wird ein besonderer Feststrauß zusammengestellt, der zum Gottesdienst mit genommen wird. Er besteht aus den so genannten Vier Arten, die die Vielfalt der Pflanzenwelt symbolisieren. Hierzu gehören der Lulaw (ein Palmenzweig), der Etrog (eine zitronenähnliche Frucht), die Hadassim (3 Myrthenzweige) und die Arawot (3 Bachweidenruten. Das Binden dieses Straußes und der Bau der Hütte sind in der Tora vorgeschrieben (Lev. 23, 40–42).

Symbolische Laubhütte

Das Laubhüttenfest hat wie die anderen beiden ehemaligen Wallfahrtsfeste einen überwiegend fröhlichen Charakter. Der erste Tag des Festes ist ein Ruhetag, die nachfolgenden sechs Tage sind Halbfeiertage mit eingeschränk-

Feststrauß

tem Arbeitsverbot. Der achte Tag ist wieder ein Ruhetag. Er gilt als eigenständiges Fest, das Schmeni Azeret genannt wird. Schemeni Azeret ist mit der Bitte um Regen verknüpft und gilt traditionell als der letzte Tag, an dem die Urteilssprüche von Jom Kippur noch verändert werden können. Er wird in der Synagoge mit dem Schlagen von Weidenzweigen gefeiert.

Im Anschluss an Sukkot feiert man ***Simchat Tora,*** das Fest der Torafreude. An diesem Tag wird der jährliche Lesezyklus der Tora beendet und sofort wieder begonnen. Auf diese Weise wird verdeutlicht, dass die Gültigkeit der Tora kein Ende hat. Dazu werden die Torarollen aus den Toraschränken genommen und singend und tanzend in Umzügen durch die Synagoge (in Israel auch durch die Stadt) getragen.

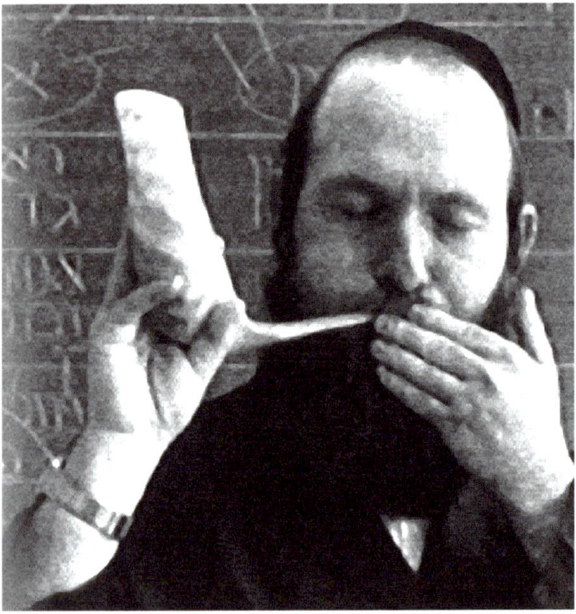

Schofar

Rosch ha-Schana – das Neujahrsfest

1. und 2. Tischri (September/Oktober)
Bedeutung: Neujahrsfest, Beginn der zehntägigen Bußzeit
Besondere Merkmale: In der Tora wird Rosch ha-Schana als „Tag der Erinnerung" bezeichnet. Im letzten Monat des Jahres sollen die Menschen ihr Gewissen erforschen und Gott um Vergebung bitten. Außerdem gilt die Verpflichtung, an die Armen zu spenden.
Im Gottesdienst wird zum Neujahrsfest der ***Schofar*** geblasen, ein ausgehöhltes Widderhorn, das schon in biblischer Zeit als Signalinstrument benutzt wurde. Das Blasen des Schofars an Rosch ha-Schana hat mehrere Gründe: Sein

Klang soll Gott als den Schöpfer und Herrscher der Welt ehren und die Juden zur Buße aufrufen.
Das Widderhorn erinnert außerdem an die Erzählung von der Opferung Isaaks (Gen 22). Abraham, der Stammvater der Juden, war bereit, seinen Sohn für Gott zu geben. Gott wollte Abraham aber nur auf die Probe stellen – statt seines Sohnes opferte Abraham dann einen Widder.

Rosch ha-Schana leitet die zehntägige Bußperiode ein, die mit dem Jom Kippur abgeschlossen wird.

Nach dem Besuch der Synagoge wird ein festliches Mahl im Kreis der Familie eingenommen. Traditionell isst man Äpfel mit Honig und wünscht sich ein gutes und „süßes" neues Jahr.
Ein verbreiteter Gruß zum Neujahrsfest ist: *Le-Schana towa tikatewu!* – „Für ein gutes Jahr möget ihr eingeschrieben werden!" Hinter diesem Wunsch steht die traditionelle Vorstellung vom „Buch des Lebens", in welches Gott das Schicksal jedes Menschen für das beginnende Jahr einschreibt. In der Bußzeit zwischen Rosch ha-Schana und Jom Kippur tagt nach jüdischer Vorstellung das göttliche Gericht über die Menschen.
Beide Tage des Neujahrsfestes sind Ruhetage.

Jom Kippur – der Versöhnungstag

10. Tischri – September/Oktober
Bedeutung: Versöhnungstag zwischen Gott und den Menschen, Bußtag
Name: *Jom* heißt „Tag" und Kippur „sühnen"
Besondere Merkmale:
An diesem Tag herrscht absolutes Arbeitsverbot. Es wird streng gefastet und absolut nichts, auch kein Wasser, getrunken.

Jom Kippur ist der heiligste Tag des jüdischen Jahres.

Zum Zeichen der Bescheidenheit und Buße vor Gott darf man sich weder baden noch parfümieren, keine Lederschuhe tragen und keinen Geschlechtsverkehr haben.

Man führt sich seine Vergehen gegenüber Gott und den Mitmenschen vor Augen und bittet Gott darum, die religiösen Übertretungen zu vergeben und einen Neuanfang zu ermöglichen. Vergehen gegen die Mitmenschen verzeiht Gott nach jüdischer Vorstellung jedoch erst, wenn sie mit den betreffenden Personen selbst geklärt wurden. Deshalb versuchen die Juden spätestens am Tag vor Jom Kippur mit sich und der Welt ins Reine zu kommen. Sie sind bemüht, sich bewusst zu werden, wann und inwiefern sie im vergangenen Jahr Unrecht getan haben und versuchen es wieder gut zu machen. Viele Juden verbringen den Jom Kippur mit Gebeten fast ausschließlich in der Synagoge. Es ist üblich, sich am Jom Kippur als Zeichen der Reinheit und der Festlichkeit weiß zu kleiden. Besonders religiöse Juden tragen einen weißen Kittel, ein Totenhemd, das die Vergänglichkeit des Lebens symbolisiert.

In Israel kommt am Jom Kippur das gesamte öffentliche Leben zum Stillstand. Der Verkehr ruht, und die Straßen sind leer, es gibt weder Radio- noch Fernsehprogramme, und sämtliche Läden sind geschlossen.

Zum Ende des Jom Kippur wird noch einmal der ***Schofar*** geblasen. Das himmlische Gericht gilt nun als beschlossen, das gerechte Urteil durch Gott als gesprochen und durch den Eintrag in das „Buch des Lebens" besiegelt. Daher wünscht man sich zum Jom Kippur: *chatima tova!* – „Eine gute Besiegelung!"

Chanukka – das Lichterfest

22. Kislew – 2. Tewet (Dezember)
Bedeutung: Erinnerung an die Wiedereinweihung des Tempels, nachdem die Makkabäer ihn von den Griechen zurückerobert hatten (um 164 v. Chr.).

Name: *Chanukka* bedeutet „Weihung". Auf Deutsch nennt man Chanukka auch Tempelweihfest oder Lichterfest.
Geschichtlicher Hintergrund: Nach dem Zusammenbruch des Weltreiches von Alexander dem Großen kam Judäa unter die Herrschaft der syrischen Eroberer, der Seleukiden. Als König Antiochus IV., ein Bewunderer der griechischen Kultur, an die Macht kam, führte er den griechischen Kultus im ganzen Land gesetzmäßig ein. Alle Volksgruppen mit ihren unterschiedlichen Nationalitäten sollten ihren eigenen Glauben aufgeben und nach der griechischen Religion leben. Weil ein großer Teil der Israeliten aber an ihrem Glauben an den einen Gott festhielt, verbot *Antiochus IV.* ihnen bei Todesstrafe, ihre religiösen Bräuche weiter auszuüben. Schließlich ließ er sogar den jüdischen Tempel in Jerusalem entweihen, indem er griechische Götterstatuen aufstellen ließ. Der Tempel wurde zu einer Kultstätte für den griechischen Gott Zeus umfunktioniert.
In ihrer Ratlosigkeit flohen die gesetzestreuen Juden in die Berge. Unter Führung des Hohenpriesters Mattathias und seiner Söhne schlossen sie sich zu einer Untergrundarmee zusammen, der sich Freiwillige aus vielen Landesteilen anschlossen. Judas Makkabäus, der älteste Sohn des Hohenpriesters, führte als militärischer Befehlshaber den mehrjährigen Kampf gegen die griechisch-syrische Armee an. Seinen Kriegern, die als ***Makkabäer*** berühmt wurden, gelang es schließlich, die syrischen Eroberer aus Jerusalem zu vertreiben. Der ***Tempel*** wurde gereinigt und alle Götzen und heidnischen Symbole entfernt. Es war der Sieg einer schwachen Minderheit im Kampf um religiöse Autonomie. Besonders in schweren Zeiten wurde die Geschichte vom Sieg der Makkabäer deshalb zum Mythos für die Stärke der Gemeinschaft des Jüdischen Volkes.

Viele jüdische Sportgruppen in der ganzen Welt sind heute nach den Makkabäern benannt, so z. B. die israelische Fußballmannschaft *Makkabi Tel Aviv.*

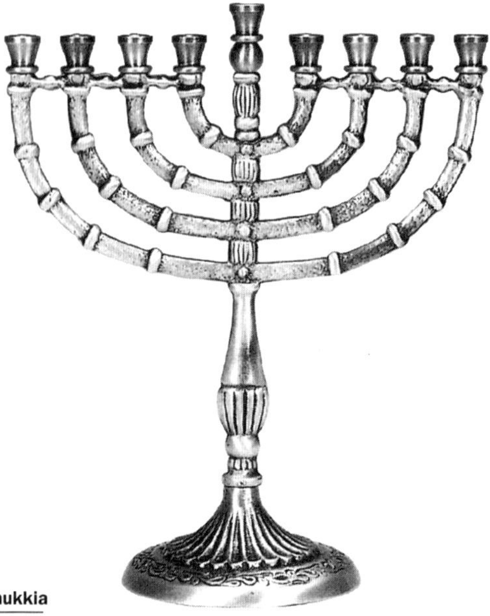

Chanukkia

Besondere Merkmale: Das wichtigste Merkmal des Chanukkafestes ist das Anzünden der ***Chanukkia,*** des achtarmigen Leuchters. Jeden Abend wird eine Kerze mehr angezündet, bis am letzten Tag acht Kerzen brennen. Die meisten Chanukka-Leuchter haben einen neunten Arm, in den eine zusätzliche Kerze gesteckt wird, mit deren Hilfe die anderen angezündet werden.

Chanukka ist ein fröhliches Fest, das vor allem für die Kinder gefeiert wird. Die Familien sitzen zusammen, singen Lieder und lesen Geschichten vor. Es ist Brauch, den Kindern Geld und andere Geschenke zu geben. Durch die zeitliche Nähe zum Weihnachtsfest wurde es in manchen assimilierten oder gemischt-religiösen Familien üblich, „Weihnukka" zu feiern - mit Chanukkia und Weihnachtsbaum.

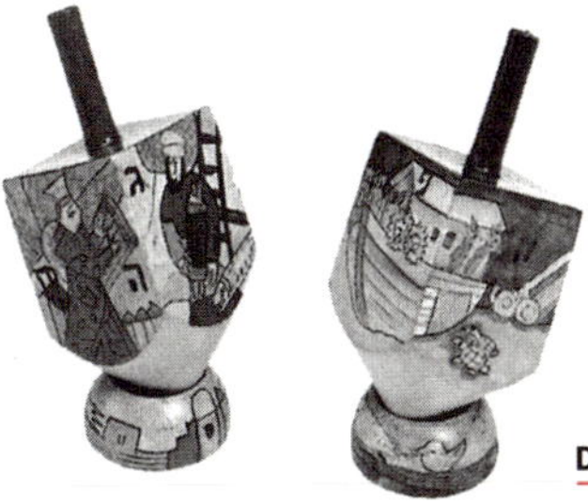

Dreideln

Ein beliebtes Spiel zu Chanukka ist das ***Dreidel-Spiel.*** Der Dreidel ist ein Kreisel mit vier Seiten, die die hebräischen Buchstaben *Nun*, *Gimmel*, *Hej* und *Schin* zeigen. Sie stehen für den Satz *„Nes gadol haja scham“ – „Ein großes Wunder ist dort geschehen“*. Dieser Satz bezieht sich auf die Chanukkalegende, mit der auch das Anzünden der Chanukkia erklärt wird. Je nachdem auf welchen Buchstaben der Kreisel fällt, bekommen oder verlieren die Mitspieler Rosinen, Nüsse, Geld etc. Ein weiterer Brauch, der an das Chanukkawunder erinnert, ist das Essen von in Öl gebackenen oder gebratenen Speisen wie Kartoffelpuffer *(Latkes)* oder Krapfen *(Sufganioth)*.

Die Chanukka-Legende

Eine Legende erzählt, dass nach der Reinigung im Tempel nur noch ein einziger versiegelter Krug reinen Öls gefunden wurde, mit dem man die große Menora, den siebenarmigen Leuchter im Tempel entzünden konnte. Dieser Krug enthielt gerade genug Öl, um die Lichter der Menora für einen Tag zu entzünden. Das Tempelweihfest dauerte aber acht Tage. Nachdem die Menora angezündet wurde, geschah ein Wunder. Die Flammen erloschen nicht und das wenige Öl brannte volle acht Tage, bis die Priester neues Öl vorbereitet hatten. Deswegen hat die Chanukkia acht Lichter und das Chanukkafest dauert acht Tage.

Purim

14. Adar (Februar)
Bedeutung: Erinnerung an die Esthergeschichte.
Name: *Purim* ist die Pluralform des Wortes *pur,* das „Los" bedeutet. Nach der Esthererzählung ließ Haman, der „Minister" des persischen Königs Achaschwerosch (Xerxes I., 486–465 v. Chr.), den Tag der Vernichtung der Juden durch ein Los bestimmen.

Die Esthererzählung

Das Buch Esther ist Teil des Tenach, der jüdischen Bibel. Es erzählt die Geschichte der schönen Jüdin Esther, der Ehefrau des persischen Königs Achaschwerosch. Esthers Onkel und Ziehvater Mordechai, ein Angestellter des Königshofes, erregt eines Tages den Ärger des Ministers Haman, als er sich weigert, sich vor diesem niederzuwerfen. Der verärgerte Haman erfährt, dass Mordechai Jude ist und drängt daraufhin den König, alle Juden umbringen zu lassen. Zur Bestimmung des Zeitpunkts, an dem dies geschehen soll, lässt er das Los (pur) werfen. Der König, der nicht ahnt, dass auch seine geliebte Frau Esther Jüdin ist, lässt seinen Minister gewähren. Als Esther durch Mordechai von Hamans Plänen erfährt, gelingt es ihr durch ihre Schönheit und Klugheit ihren Mann, den König, umzustimmen und von der Bosheit Hamans zu überzeugen. Haman landet am Galgen und die Juden werden vor großem Unheil bewahrt.

Besondere Merkmale: Das Purimfest ist das ausgelassenste Fest des jüdischen Kalender. Es erinnert ein wenig an Karneval. Vor allem die Kinder verkleiden sich und ziehen lärmend durch die Stadt. In Purimspielen wird die Geschichte Esthers aufgeführt. Beim Vorlesen der Estherrolle in der Synagoge wird ein besonderer Brauch befolgt: Jedes Mal, wenn der Name des Bösewichts Haman fällt, lärmt man mit speziellen Hämmern, Schnarren und Rasseln. Dazu stampft

Purimumzug in Berlin, 1994

man mit den Füßen auf, um den Namen Hamans symbolisch auszulöschen.

Traditionell soll man sich zu Purim so lange betrinken, bis man den Unterschied zwischen „verflucht sei Haman“ und „gesegnet sei Mordechai“ nicht mehr weiß.

Zu essen gibt es Lebkuchen-„Hamänner“ und dreieckige, mit Pflaumenmus oder Mohn gefüllte Teigtaschen, die so genannten Hamantaschen oder *osnei haman* („Hamanohren“).

Tischa be-Aw

9. Aw (Juli)
Bedeutung: Trauertag, Gedenken an die Zerstörung des ***Ersten*** und des ***Zweiten Tempels*** in Jerusalem, die der Überlieferung nach beide auf einem 9. Aw fielen (586 v. Chr. und 70 n. Chr.). Außerdem sagt man, dass am 9. Aw (135 n. Chr.) der Bar-Kochba-Aufstand gegen die römischen Besatzer niedergeschlagen wurde und dass die Vertreibung der Juden aus Spanien im Jahre 1492 n. Chr. am 9. Aw begann.
Besondere Merkmale: Der 9. Aw steht am Ende einer dreiwöchigen Trauerperiode, in der der Belagerung Jerusalems durch die Römer (70 n. Chr.) gedacht wird. Er ist ein strenger Fastentag, an dem die gleichen Enthaltungsregeln gelten, wie am Jom Kippur. In der Synagoge werden die Klagelieder aus den Schriften der Propheten rezitiert.

Biographien

Hannah Arendt

1906–1975
Philosophin, Politologin

Die Philosophin Hannah Arendt wurde 1906 in Linden bei Hannover geboren. Ihr Philosophiestudium absolvierte sie in Freiburg, Marburg und Heidelberg bei Edmund Husserl und Martin Heidegger, bei Karl Jaspers promovierte Hannah Arendt im Alter von 22 Jahren.
Wie so viele musste Hannah Arendt Deutschland 1933 verlassen. Über Paris emigrierte sie 1941 in die USA, arbeitete für verschiedene jüdische Institutionen, veröffentlichte zahlreiche Artikel und erhielt 1956 ihre erste Professur am Brooklyn College in New York.
Bekannt ist Hannah Arendt für ihre pointierten und scharfen Formulierungen. 1961 wurde sie als journalistische Beobachterin zum Eichmann-Prozess nach Jerusalem geschickt. Ihr Buch „Eichmann in Jerusalem“ löste eine weltweite Kontroverse aus.

„… um die Möglichkeit, Recht zu sprechen und Gerechtigkeit zu üben im Interesse des Verletzten wie im Interesse des Angeklagten, geht es in jedem Strafprozess; auch im Eichmann-Prozess konnte es um nichts anderes gehen. Nur dass

hier das Gericht mit einem Verbrechen konfrontiert war, das es in den Gesetzbüchern vergeblich suchen wird, und mit einem Verbrecher, dessengleichen man jedenfalls vor Gericht vor den Nürnberger Prozessen nicht gekannt hat. Der vorliegende Bericht handelt davon, wieweit es in Jerusalem gelang, der Gerechtigkeit zum Sieg zu verhelfen."

Walter Benjamin

1892–1940
Literaturkritiker, Philosoph, Schriftsteller

Walter Benjamin gilt als einer der Wegbereiter der „Frankfurter Schule", einem Kreis von kritischen Sozial- und Kulturwissenschaftlern, deren Mittelpunkt das Institut für Sozialforschung in Frankfurt am Main war. Nach seinem Philosophiestudium in Freiburg, Berlin, München und Bern kehrte er 1920 nach Berlin zurück, wo er in den Folgejahren als Übersetzer und Literaturkritiker tätig war sowie journalistische Beiträge für verschiedene Zeitungen, unter anderem für die „Frankfurter Zeitung", verfasste. Durch die nationalsozialistische „Machtübernahme" wurde Walter Benjamin im März 1933 ins Exil gedrängt. Über Spanien emigrierte er nach Frankreich, arbeitete dort für diverse Exilzeitschriften und wurde Mitglied des Pariser Büros des Instituts für Sozialforschung. Nach Kriegsausbruch wurde Walter Benjamin inhaftiert, kam im November 1939 jedoch wieder frei. Dank der Vermittlung seines Kollegen Max Horkheimer erhielt er im August 1940 ein Einreisevisum in die USA. Nachdem sein Versuch, die spanische Grenze zu passieren, missglückt war, nahm sich Walter Benjamin am 27. September 1940 in Port Bou das Leben.

Leo Baeck 1873–1956
Rabbiner

Der Rabbiner Leo Baeck war einer der wichtigsten Vertreter des deutschen Reformjudentums vor dem Zweiten Weltkrieg. Geboren wurde er als Sohn des Rabbiners Samuel Baeck in Lissa, einer Stadt südlich von Posen (heute Leszno/Polen). Zunächst studierte er in Breslau am Jüdischen Theologischen Seminar und gleichzeitig Philosophie an der Breslauer Universität. 1894 wechselte Leo Baeck nach Berlin an die Hochschule für die Wissenschaft des Judentums. 1895 erwarb er dort den Doktortitel. Nach Abschluss seines Studiums war er zunächst als Rabbiner in Oppeln und Düsseldorf tätig, ab 1912 in Berlin. Während des Ersten Weltkriegs arbeitete Leo Baeck als Militärrabbiner. Von 1912 bis zur Schließung 1942 hielt er Vorlesungen an der Hochschule für die Wissenschaft des Judentums. Im Gegensatz zu anderen jüdischen Gelehrten weigerte sich Leo Baeck, aus Nazideutschland zu fliehen, obwohl er schon 1933 erklärt hatte, die „tausendjährige Geschichte" der Juden in Deutschland sei zu Ende gegangen. So blieb er als letzter amtierender Rabbiner zurück in Berlin und wurde 1943 in das Konzentrationslager Theresienstadt deportiert. Nach seiner Befreiung emigrierte Leo Baeck 1945 nach London und wurde Vorsitzender der Weltunion für Progressives Judentum (World Union for Progressive Judaism). Ab 1948 hielt er Vorlesungen am Hebrew Union College in Cincinnati, Ohio. Das nach ihm benannte, 1956 in Jerusalem gegründete Leo-Baeck-Institut befasst sich mit der Geschichte der Juden im deutschsprachigen Raum. Neben Niederlassungen in New York und London gibt es seit 2001 auch ein Leo-Baeck-Institut in Berlin.

Martin Buber 1878–1965
Religionsphilosoph, Pädagoge

Martin Buber wurde in Wien geboren, verbrachte seine Kindheit jedoch bei seinem Großvater, einem bekannten jüdischen Gelehrten in Lemberg. In Wien, Leipzig, Zürich und Berlin studierte er Philosophie und Kunstgeschichte.
Während des Ersten Weltkrieges gründete Martin Buber das Jüdische Nationalkomitee, eine Hilfsorganisation, die vorwiegend Juden aus Osteuropa unterstützte. Er war an der Herausgabe verschiedener Zeitschriften mitbeteiligt und veröffentlichte seine Vorträge und Aufsätze in den führenden Medien der Zeit. Der Sozialist Martin Buber gehörte zu einer Gruppe von Kultur-Zionisten, die im Gegensatz zu den politischen Zionisten vor allen Dingen das jüdische Bewusstsein und die jüdische Kultur in Deutschland erneuern wollten. Ihnen war es wichtig, dass die Juden sich zunächst ein eigenes Nationalbewusstsein aufbauten., bevor man sich mit einer Staatsgründung befasste. Die jüdische Jugendbewegung in Deutschland sah in Martin Buber einen ihrer bedeutendsten Lehrer.
Ab 1925 hielt Martin Buber Vorlesungen über jüdische Religion und Ethik. Im gleichen Jahr begann er gemeinsam mit Franz Rosenzweig, die Hebräische Bibel ins Deutsche zu übersetzen. Ab 1933 leitete Martin Buber die Mittelstelle für jüdische Erwachsenenbildung und wurde im selben Jahr zum Direktor des Jüdischen Lehrhauses in Frankfurt am Main ernannt. 1938 emigrierte Martin Buber nach Palästina, wo er als Professor für Sozialphilosophie lehrte und forschte.

Theodor Herzl 1860–1904
Schriftsteller, Journalist

Geboren wurde Theodor Herzl in Budapest. Er studierte in Wien Jura und wollte eigentlich Richter werden. Da ihm dieser Weg jedoch wegen seiner jüdischen Abstammung ver-

Herzl-Berg in Jerusalem

wehrt war, wurde er Journalist. 1891 ging er als Korrespondent der Wiener „Neuen Freien Presse“ nach Paris. Unter dem Eindruck der Benachteiligung und Verfolgung der Juden in Europa entwickelte Theodor Herzl die Utopie eines unabhängigen jüdischen Staates. Sein Buch „Der Judenstaat“ erschien 1896. Herzls Ideen bildeten die Grundlagen des Zionismus und der Gründung des modernen Staates Israel. Bereits 1904 ñ 44 Jahre bevor seine Idee vom jüdischen Staat Realität wurde ñ starb Theodor Herzl im österreichischen Edlach. Sein Leichnam wurde 1949 nach Jerusalem überführt und auf dem nach ihm benannten Herzlberg beigesetzt.
„Wenn ihr wollt, ist es kein Märchen.“ (Theodor Herzl über seine Utopie von einem jüdischen Staat)

Franz Kafka 1883–1924
Schriftsteller, Jurist

Nach Beendigung des Jurastudiums in seiner Heimatstadt Prag arbeitete Franz Kafka bei der dort ansässigen Arbeiter-Unfall-Versicherungs-Anstalt. Tagsüber ging er diesem un-

befriedigenden Broterwerb nach und nachts widmete er sich der Schriftstellerei. Ab 1905 traf Franz Kafka sich regelmäßig mit den Freunden Oskar Baum, Max Brod und Felix Weltsch. 1908 konnte er seine ersten Prosastücke in der Zeitschrift „Hyperion" veröffentlichen.
Bei den Theatervorstellungen einer ostjüdischen Schauspieltruppe, die in Prag gastierte, lernte Franz Kafka den jiddischen Schauspieler Jizchak Löwy kennen, dem er in seinen „Hochzeitsvorbereitungen auf dem Lande" ein Denkmal gesetzt hat. Zunehmend interessierte Franz Kafka sich für Fragen des Judentums und des Zionismus. Er begann sogar, hebräisch zu lernen und plante eine Reise nach Palästina.
Schwer erkrankt lebte er ab 1923 als freier Schriftsteller in Berlin und Wien. Im Sanatorium Kierlang bei Wien starb er 1924 an Tuberkulose.
Obwohl Franz Kafka testamentarisch verfügt hatte, seinen literarischen Nachlass zu verbrennen, veröffentlichte Max Brod diesen direkt nach Kafkas Tod.

Franz Kafka: Vom jüdischen Theater über den Schauspieler Jizchak Löwy, in: Hochzeitsvorbereitungen auf dem Lande
Nur zu Purim gab es ein Theater, denn dann klebte Vetter Chaskel einen großen schwarzen Bart auf sein kleines blondes Bärtchen, zog den Kaftan verkehrt an und spielte einen lustigen Handelsjuden – meine kleinen Kinderaugen haben sich von ihm nicht wenden können. Von allen Vettern war er mir der liebste, sein Beispiel ließ mir keine Ruhe und, kaum acht Jahre alt, habe ich schon im Cheder wie Vetter Chaskel gespielt. War der Rebbe fort, dann war im Cheder regelmäßig Theater, ich war Direktor, Regisseur, kurz alles, auch die Prügel, die ich dann vom Rebbe bekam, waren die größten. Aber das störte uns nicht; der Rebbe hat geprügelt, wir aber haben doch jeden Tag andere Theaterspiele ausgedacht. Und das ganze Jahr war nur ein Hoffen und Beten: Purim möge kommen und ich soll wieder zusehn dürfen, wie Vetter Chaskel sich maskiert. Dass ich dann, sobald ich erwachsen bin, auch jeden Purim mich maskieren und sin-

gen und tanzen werde, wie Vetter Chaskel – das stand bei mir fest.
Dass man sich aber auch außer Purim maskiert und dass es noch viele Künstler wie Vetter Chaskel gibt, davon allerdings ahnte ich nichts.
[...]
In meinem vierzehnten Lebensjahr war ich zum erstenmal im Großen Theater.
[...]
Von damals an wurde ich in der Oper ein häufiger Gast. Nur durfte ich nicht vergessen, zu jeder Vorstellung einen Kragen und ein Paar Manschetten zu kaufen und sie auf dem Nachhauseweg in die Weichsel zu werfen. Meine Eltern durften solche Dinge nicht sehen. Während ich mich an „Wilhelm Tell" und „Aida" sättigte, waren meine Eltern im sichern Glauben, ich säße in der „Klaus" über den Talmudfolianten und studiere die heilige Schrift.

Else Lasker-Schüler

1869–1945
Dichterin, Zeichnerin

Einer wohlhabenden, assimilierten Familie entstammend, kam Else (Elisabeth) Lasker-Schüler im Jahr 1894 nach Berlin. Hier lebte sie in expressionistischen Künstlerkreisen und war mit zahlreichen berühmten Dichtern und Künstlern ihrer Zeit, unter anderem mit Karl Kraus, Franz Werfel, Gottfried Benn, Georg Trakl und Franz Marc befreundet. Zeit ihres Lebens setzte sich Else Lasker-Schüler mit dem Judentum und ihrer persönlichen Beziehung dazu auseinander, was sich in Werken wie „Hebräische Balladen", „Der Wunderrabbi von Barcelona" und „Das Hebräerland" widerspiegelt. Ihre Werke illustrierte sie häufig mit eigenen Zeichnungen. Im Jahr 1932 wurde Else Lasker-Schüler der Kleist-Preis verliehen. 1933 emigrierte sie in die Schweiz. Während einer ihrer Palästina-Reisen begann der Zweite Weltkrieg, woraufhin ihr die Rückkehr in die Schweiz verweigert wurde. Ihre letzten Lebensjahre verbrachte Else Lasker-Schüler in Jerusalem, wo der letzte Gedichtband „Mein blaues Klavier" erschien, in dem die bedeutende Lyrikerin ihr Heimweh und ihre Einsamkeit zum Ausdruck bringt.

Louis Lewandowski 1821–1894

Kantor und Komponist

Weil seine Mutter früh gestorben war, zog Louis Lewandowski von Posen nach Berlin, wo er als erster Jude an der Komponistenschule der Berliner Akademie unterrichtet wurde.

Ab 1940 arbeitete er als Gesangslehrer an der Jüdischen Freischule in Berlin. Als Louis Lewandowski einige Jahre später die Leitung des Chores der jüdischen Gemeinde in der Heidereutergasse übernahm, begann er, synagogale Musik zu komponieren. Er versuchte, die traditionellen liturgischen Melodien in die moderne europäische Musik einzubetten, wobei er sich unter anderem an der musikalischen Richtung des Komponisten Felix Mendelssohn-Bartholdy orientierte.

Im Jahr 1864 wurde die neue Synagoge in der Oranienburger Straße eingeweiht. Dem Vorbild christlicher Kirchen folgend, war diese mit einer Orgel ausgestattet, was Louis Lewandowski zu neuen Kompositionen herausforderte. Höhepunkt seiner Karriere war die Veröffentlichung von „Todah W'Simra" (Dank und Gesang), einem zweiteiligen Werk das den gesamten liturgischen Zirkel umfasste und für einen vierstimmigen Chor, einen Kantor und Orgel bestimmt war.

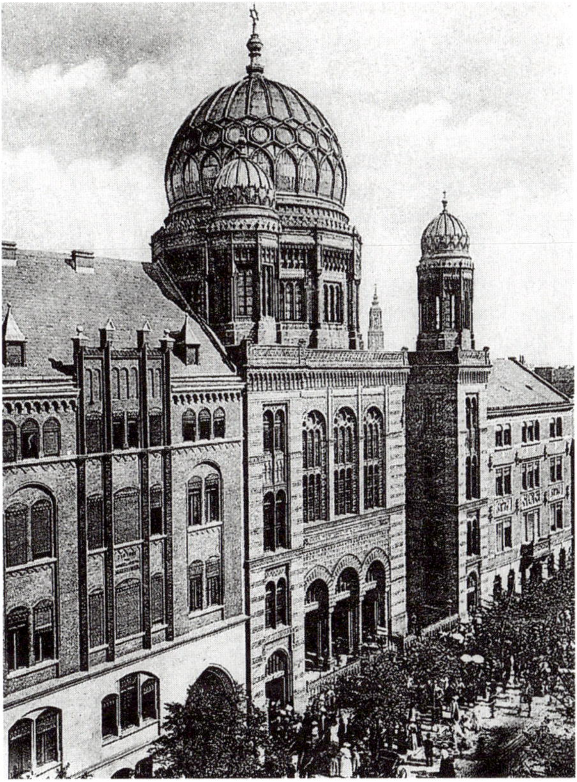

Synagoge, Oranienburger Straße

Raschi (Salomo ben Izchak) 1040–1107
Bibel- und Talmud-Kommentator

Geboren 1040 in Troyes (Frankreich), studierte Salomo ben Izchak in Worms und Mainz, bevor er nach Troyes zurückkehrte, wo er eine bedeutende Jeschiwa (Religionsschule) aufbaute. Er gilt als einer der wichtigsten Bibel- und Talmudkommentatoren. Seine verständlich formulierten Kom-

mentare zur Gemara sind in jeder Talmud-Ausgabe abgedruckt.
Zahlreiche Legenden ranken sich um Raschis Biographie, zu der es nur wenige bekannte Anhaltspunkte gibt.

Maimonides 1135–1204

Philosoph, Rechtsgelehrter, Arzt

Rabbi Moses ben Maimon, genannt Maimonides oder Rambam, war Philosoph, Rechtsgelehrter und Arzt. Er wurde 1135 in Córdoba/Andalusien geboren und lebte in Spanien, Marokko und Ägypten. Die Sprache, in der er seine Schriften verfasste, war arabisch. 1185 wurde Maimonides Leibarzt des Sultans Saladin und zugleich Oberhaupt der Juden seines Reiches. Maimonides verfasste bedeutende Interpretationen der Tora und der Halacha und gilt als wichtigste rabbinische Autorität seiner Zeit. Herausragend ist auch sein Versuch, die jüdische Religion in dreizehn Glaubensgrundsätzen zusammenzufassen. Maimonides war ein Vorreiter in dem Bemühen, die Philosophie mit der Theologie zu verbinden.

Moses Mendelssohn 1729–1786

Philosoph, Bibelübersetzer

Moses Mendelssohn folgte im Alter von 14 Jahren seinem Lehrer Rabbi Fränkel von Dessau nach Berlin. Nach Jahren großer Armut bekam er 1750 eine Hauslehrerstelle und lernte bedeutende Vertretern der europäischen Aufklärung kennen. Vor allem Gotthold Ephraim Lessing ermutigte ihn zum Schreiben. Mendelssohn war der Vorkämpfer für die Emanzipation der Juden, in seinen Schriften setzte er sich für die Verbreitung der Toleranzforderung ein und forderte die Trennung von Religion und Staat. Allgemeinbildung und das Erlernen der deutschen Sprache betrachtete er als wichtige Voraussetzungen für die Gleichberechtigung der Juden in Deutschland. So diente seine Bibelübersetzung, die er in

hebräischen Lettern, aber in deutscher Sprache verfasste, dazu, den Juden die deutsche Sprache und somit gleichzeitig auch die deutsche Kultur näher zu bringen. 1763 erhielt Moses Mendelssohn das Privileg eines Schutzjuden.
Mendelssohn gilt als erster Philosoph der Neuzeit, der die jüdische Religion mit Hilfe der modernen Philosophie interpretierte.

Dic 13 Glaubcnsartikel des Maimonides

Erhaben ist der lebendige Gott und gepriesen, er ist, und keine Zeit beschränkt sein Dasein.
Er ist einzig, und nichts ist einzig gleich seiner Einzigkeit, er ist unsichtbar, und unendlich ist seine Einheit.
Er hat nicht die Gestalt eines Körpers und ist unkörperlich, wir vermögen nicht seine Heiligkeit zu schätzen.
Er war früher als jedes Ding, das erschaffen worden; er ist der Erste und seine Ewigkeit begrenzt kein Anbeginn.
Ja, er ist der Herr der Welt, und jedes Geschöpf zeugt von seiner Größe und seinem Reich.
Reichtum göttlichen Schauens verlieh er den Männern seines auserwählten Volkes, das seinen Ruhm verkündet.
Nicht erstand in Israel gleich Mosche noch ein Prophet, der seine Herrlichkeit schaute.
Lehre der Wahrheit gab Gott seinem Volke durch seinen Propheten, den Bewährten seines Hauses.
Gott wird sein Gesetz in Ewigkeit nicht in ein anderes wechseln, umändern.
Er sieht und kennt unsere Geheimnisse, schaut schon am Anbeginn das Ende einer Sache.
Er vergilt dem Menschen Gnade nach dessen Werk und erteilt die Strafe dem Bösewicht nach dessen Lasterhaftigkeit.
Er schickt am Ende der Tage unseren Gesalbten, zu erlösen, die auf das Endziel seiner Erlösung harren.
Die Toten wird Gott beleben in der Fülle seiner Gnade; gelobt sei für und für sein ruhmvoller Name.

Jüdisches Leben im deutschsprachigen Raum

Vorgeschichte

Bereits im frühen Mittelalter lebten Juden auf dem Gebiet der heutigen Bundesrepublik Deutschland. Die ältesten Nachweise jüdischen Lebens in Köln stammen aus dem 4. Jh. n. Chr. Im 9. bis 11. Jh. entwickelten sich die Gemeinden am Rhein zu einem Zentrum jüdischer Gelehrsamkeit, so studierte einer der wichtigsten jüdischen Talmudkommentatoren, Rabbi Salomo Itzchak, der berühmte Raschi, im 11. Jh. in Worms. Im späten Mittelalter hatten die jüdischen Gemeinden in West- und Mitteleuropa stark unter antijüdischen Verfolgungen zu leiden. Viele Juden flohen nach Osten. So entstanden neue jüdische Zentren in Osteuropa. Im 17. Jh. bewegten grausame Pogrome im Osten zahlreiche Juden dazu, wieder nach Westeuropa zurückzukehren, wo sich die Lebensbedingungen langsam verbesserten. Besonders die Französische Revolution von 1789 und das einsetzende Zeitalter der Aufklärung führten dazu, das den Juden mehr bürgerliche Rechte zuerkannt wurden.

Im Zuge der Aufklärung entstand Mitte des 19. Jh. in Deutschland die jüdische Reformbewegung, die sich vom traditionellen Judentum abwandte und eine neue, freiere Form der jüdischen Religionsausübung entwickelte. Die meisten deutschen Juden fühlten sich zu dieser Zeit vor allem als Deutsche und lebten sehr assimiliert (an ihre nichtjüdische Umgebung angepasst). Sie nahmen regen Anteil am gesellschaftlichen, kulturellen, wissenschaftlichen und politischen Leben und prägten es nachhaltig. Ähnlich sah die Situation in Österreich und der Schweiz aus. Einige der wichtigsten europäischen Wissenschaftler, Künstler und Schriftsteller des 19. und 20. Jh.s waren Juden, so z.B. der Physiker Albert Einstein, der Psychoanalytiker Sigmund Freud, der Schriftsteller Franz Kafka und der Maler Marc Chagall.

Um so größer war der Schock über den wieder stärker werdenden Antisemitismus in Deutschland, der schließlich im nationalsozialistischen Massenmord an der jüdischen Bevölkerung gipfelte. Bereits 1933, dem Jahr der Machtübernahme Hitlers in Deutschland, wurde damit begonnen, jüdische Geschäfte zu boykottieren und die Rechte der jüdischen Bürger einzuschränken. Mit der Verabschiedung der „Nürnberger Gesetze" 1935 wurden Juden im nationalsozialistischen Deutschland zu Bürgern zweiter Klasse degradiert, weitere zahlreiche Einschränkungen folgten. Durch den Anschluss Österreichs an das Deutsche Reich 1938 trafen diese Gesetze nun auch die österreichischen Juden. In der Nacht vom 9. auf den 10. November 1938, der so genannten „Reichskristallnacht" oder „Reichspogromnacht", plünderten und zerstörten Nationalsozialisten in Deutschland und Österreich über 7000 Geschäfte jüdischer Besitzer und setzten Hunderte Synagogen in Brand. In den folgenden Jahren verschlimmerte sich die Situation für die deutschen und österreichischen Juden zunehmend.

Mit Beginn des Zweiten Weltkriegs weiteten sich die Schrecken der nationalsozialistischen Herrschaft auf die vom Deutschen Reich besetzten Gebiete aus. Im gesamten Herrschaftsbereich der Nazis wurden Juden in Konzentrations- und Arbeitslager deportiert und unter menschenunwürdigen Umständen zu Zwangsarbeit genötigt. Auf der so genannten Wannseekonferenz, die am 20. Januar 1942 in Berlin stattfand, beschloss die Führungsspitze der Nationalsozialisten die endgültige Vernichtung des Judentums in Europa („Endlösung der Judenfrage"). Insgesamt 6 Mio. Juden wurden im deutschen Herrschaftsbereich – vor allem in Mittel- und Osteuropa – zum Teil auf bestialische Weise systematisch umgebracht.

Von den rund 600 000 Juden, die vor der „Machtergreifung“ der Nationalsozialisten 1933 in Deutschland lebten, konnten etwa 400 000 noch rechtzeitig ins Ausland fliehen – unter ihnen Albert Einstein, Martin Buber und Arnold Zweig. Nur 12 000 der zurückgebliebenen deutschen Juden überlebten die nationalsozialistischen Gräueltaten.

Die Gemeinden in Deutschland nach 1945

Nach dem Ende des Zweiten Weltkrieges 1945 erholte sich das jüdische Leben in Deutschland nur langsam. Menschen, die zu schwach für eine Auswanderung nach Palästina oder Amerika waren, bildeten die Mehrzahl der jüdischen Bevölkerung in den ersten Jahren nach dem Krieg. Nur wenige der ausgewanderten Juden kehrten nach Deutschland zurück. Anfang der Fünfzigerjahre lag die Zahl der jüdischen Einwohner Deutschlands bei höchstens 15 000.

Juden in der DDR
In den Anfangsjahren der DDR flohen viele Juden aus der ehemaligen sowjetischen Besatzungszone, da sie das neue Regime fürchteten. Große Angst löste Anfang der Fünfzigerjahre ein Schauprozess in der Tschechoslowakei aus, bei dem einige führende Kommunisten jüdischer Herkunft als „trotzkistisch-titoistisch-zionistische“ Verräter und Spione für Israel und den Westen beschuldigt wurden. Elf der Personen wurden gehängt. In Zuge dieses Prozesses gab es auch in der DDR antijüdische Aktionen. Weitere Verunsicherung unter der jüdischen Bevölkerung entstand durch die Verhaftung von Paul Merker. Dieser nichtjüdische Kommunist wurde als „zionistischer Agent“ verurteilt, nachdem er sich für die Anerkennung der Juden als nationale Minderheit sowie für eine Rückerstattung ihres Vermögens und eine materielle Wiedergutmachung der an ihnen begangenen Verbrechen eingesetzt hatte.

Wer nicht fliehen konnte oder wollte, wählte häufig den Austritt aus der Gemeinde, um antijüdischen Repressalien zu entgehen. Bis zum Bau der Berliner Mauer im Jahr 1961 war die Zahl der registrierten Gemeindemitglieder auf weniger als 1500 zusammengeschrumpft. Im Wendejahr 1989 zählten die acht DDR-Gemeinden gerade noch 370 Mitglieder, von denen die Hälfte in Ostberlin wohnte.

Die Situation der jüdischen Gemeinden in der Bundesrepublik änderte sich Ende der Achtzigerjahre, als Juden in der Sowjetunion die Ausreise ermöglicht wurde. Seitdem kamen Zehntausende nach Deutschland. Mittlerweile ist die Zahl der Menschen in Deutschland, die als offizielle Mitglieder jüdischer Gemeinden eingetragen sind, auf fast 90 000 gestiegen. Man schätzt, das weitere 80 000 Juden in Deutschland leben, die nicht Mitglieder einer jüdischen Gemeinde sind. Viele alte jüdische Gemeinden, die unter dem nationalsozialistischen Regime vernichtet wurden, konnten neu gegründet werden. Über 80 Gemeinden gehören heute dem Zentralrat der Juden in Deutschland an. Weiterhin gibt es einige Gemeinden, die sich dieser Dachorganisation nicht angeschlossen haben.

„In den Fünfzigerjahren hörte man von Juden in Deutschland sehr oft: ‚Unsere Koffer sind schon gepackt'. Es sei nur eine Frage der Zeit, wann man weggehen würde. Mittlerweile sind bei den meisten hier lebenden Juden die Koffer ausgepackt. Aber gestatten Sie mir den Hinweis, dass immer noch viele der älteren in Deutschland lebenden Juden mit sich selbst, mit der Tatsache nicht fertig werden, in diesem Land zu leben."
(Der Vorsitzende des Zentralrats der Juden in Deutschland, Paul Spiegel, in einer Rede anlässlich des fünfzigjährigen Bestehens des Zentralrats am 21.09.2000)

Der Zentralrat der Juden in Deutschland

1950 als politische und religiöse Dachorganisation der jüdischen Gemeinden in Deutschland gegründet, ist der Zentralrat als Körperschaft des öffentlichen Rechts den Kirchen gleichgestellt. Seine Hauptaufgabe liegt in der Wahrung der gemeinsamen Interessen der jüdischen Gemeinschaft in Deutschland sowie der Förderung und Pflege der kulturellen und religiösen Funktion der jüdischen Gemeinden.

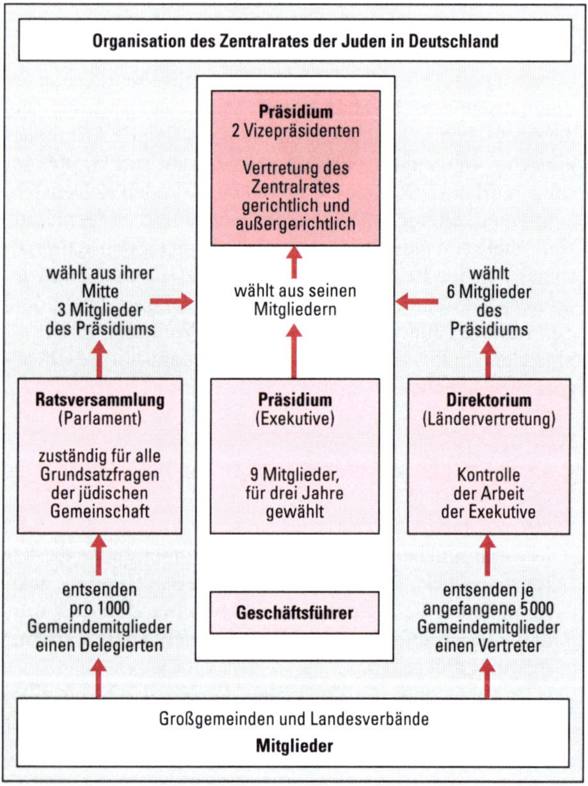

Der Zentralrat ist auch international tätig. Er ist in einigen europäischen und internationalen jüdischer Organisationen vertreten, so z.B. im World Jewish Congress (dem jüdischen Weltkongress), im European Jewish Congress, in der World Jewish Restitution Organisation sowie in der Conference on Jewish Material Claims against Germany, die sich für die Entschädigung der jüdischen Opfer des Nazi-Regimes einsetzt. Sitz des Zentralrats war zunächst Düsseldorf, später Bonn (ab 1985). Seit dem Umzug der Bundesregierung hat auch der Zentralrat seinen Sitz nach Berlin verlegt. Die Büros befinden sich im Leo-Baeck-Haus in der Tucholskystraße in Berlin-Mitte, dem Gebäude der ehemaligen Hochschule der Wissenschaft des Judentums.

Jüdische Einrichtungen in Deutschland

Der Zentralrat der Juden in Deutschland hat im Laufe seiner Geschichte einige weitere jüdische Organisationen in Deutschland ins Leben gerufen. Hierzu gehören

- die Zentralwohlfahrtsstelle der Juden in Deutschland (Frankfurt am Main)
- das Zentralarchiv zur Erforschung der Geschichte der Juden in Deutschland (Heidelberg)
- der Bund jüdischer Frauen in Deutschland (Frankfurt am Main)
- der Bundesverband jüdischer Studenten e.V. (Berlin)
- der Bundessportverband MAKKABI Deutschland e.V.
- die Hochschule für jüdische Studien (Heidelberg)

In Berlin, Frankfurt am Main, München und Düsseldorf gibt es jüdische Schulen. Viele Städte in Deutschland haben jüdische Museen eingerichtet. Das bekannteste ist das im September 2001 eröffnete Jüdische Museum in Berlin.

Die bedeutendste jüdische Zeitung in Deutschland ist die im Auftrag des Zentralrats erscheinende „Allgemeine Jüdische Wochenzeitung". Daneben gibt es Gemeindezeitungen (z.B. in Frankfurt und Berlin) und andere überregionale Blätter.

In den größeren Gemeinden, vor allem in Berlin, haben mehrere jüdische Restaurants eröffnet, die allerdings nicht alle streng koscher sind. In einigen jüdischen Geschäften gibt es auch koscheres Essen und koscheren Wein zu kaufen.

Die Einwanderer aus der ehemaligen Sowjetunion

Die weit überwiegende Mehrheit der heute in Deutschland lebenden Juden sind Einwanderer aus der ehemaligen Sowjetunion.

Die erste große Gruppe jüdischer Einwanderer aus Russland kam bereits vor Gründung der Sowjetunion Ende des 19. Jh.s infolge zaristischer Pogrome nach Deutschland. Nach dem Ersten Weltkrieg setzte eine weitere Flüchtlingswelle ein – vornehmlich westeuropäisch geprägte gebildete Juden flohen vor dem neuen Regime der Sowjetunion. Die meisten der 20 000 russisch-jüdischen Flüchtlinge, die 1925 in Deutschland gezählt wurden, lebten in Berlin. Als Schriftsteller, Literaturkritiker und Satiriker schrieben sie für die russischen Emigrantenzeitungen.

In der Sowjetunion wurde die jüdische Bevölkerung staatlich ausgegrenzt, obwohl sie weitgehend assimiliert lebte. In den Pässen von jüdisch stämmigen Menschen wurde als Nationalität „Jude" eingetragen.

Der sowjetische Antisemitismus gipfelte in der judenfeindlichen Politik Stalins, der jüdische Intellektuelle ermorden ließ, die jiddisch Sprache verbot sowie jüdische Schulen und Synagogen schließen ließ.

Aber auch nach Stalins Tod waren antizionistische Hetze und Antisemitismus in der Sowjetunion weit verbreitet. Erst durch die Politik Gorbatschows Ende der Achtzigerjahre wurde Juden aus der Sowjetunion die freie Ausreise in den Westen und nach Israel ermöglicht.

Bis heute gehören Übergriffe auf jüdische Intellektuelle, Pogromankündigungen und antisemitische Publikationen in einigen Ländern der ehemaligen Sowjetunion zum Alltag.
Über 10 000 Einwanderer aus der ehemaligen Sowjetunion leben heute in Berlin. Etwa 70 % von ihnen haben akademische Berufsabschlüsse.

Jüdisches Leben in Österreich

In Österreich sah die Situation der Juden nach dem Zweiten Weltkrieg ähnlich aus, wie in Deutschland: von den ehemals etwa 200 000 Juden hatte ein Großteil das Land verlassen, etwa 70 000 waren ermordet worden. Nur wenig mehr als 2000 Juden in Österreich überlebten.
Die in den Dreißigerjahren über 180 000 Mitglieder fassende jüdische Gemeinde in Wien hatte noch Ende der Neunzigerjahre nur 7000 Mitglieder. Mittlerweile sind es etwa 8000. Insgesamt ist die Zahl der jüdischen Gemeindemitglieder in Österreich auf rund 15 000 gestiegen. Dieser Anstieg ist vor allem der Einwanderung von Juden aus der ehemaligen Sowjetunion und aus dem Iran zu verdanken.
Organisiert sind die Gemeinden in Österreich im Bundesverband der Israelitischen Kultusgemeinden. In Wien gibt es ein jüdisches Altenheim, einen jüdischen Kindergarten, jüdische Schulen, Geschäfte und Restaurants, in Bad Gastein sogar ein koscheres Hotel. Andere jüdische Einrichtungen in Österreich sind das Jüdische Institut für Erwachsenenbildung, das Jüdische Theater Austria, die Vereinigung Jüdischer Hochschüler in Österreich und der Sportverein Maccabi Wien.

Juden in der Schweiz

Historische Dokumente bezeugen, dass im Gebiet von Basel bereits im 13. Jh. Juden ansässig waren. Als im 15. Jh. das Zinsverbot für Christen gelockert wurde, übernahmen diese das Kreditgeschäft von den Juden, die bald darauf des Landes verwiesen wurden. Einzig in der aargauischen Region durften Juden siedeln.
Mit Beginn des 19. Jh.s wurden die Juden in der Schweiz langsam besser gestellt, völlige Gleichberechtigung erhielten sie durch die Revision der Bundesverfassung 1874. Zu dieser Zeit war die Zahl der Juden in der Schweiz mit etwas mehr als 3000 relativ klein.

Von den rund 20 000 Juden, die heute in der Schweiz leben, wohnen über die Hälfte im deutschen Sprachraum. Die Dachorganisation der jüdischen Gemeinden in der Schweiz ist der Schweizerische Israelitische Gemeindebund, der 1904 gegründet wurde und dem etwa 14 000 Mitglieder in 18 Gemeinden angehören.
Sowohl der Schweizerische Israelitische Gemeindebund als auch die jüdischen Gemeinden in der Schweiz sind gemäß dem Schweizerischen Zivilgesetzbuch Vereine.

Die Union progressiver Juden in Deutschland, Österreich und der Schweiz

Als Vertretung der progressiven jüdischen Gemeinden im deutschsprachigen Raum wurde 1997 die Union der progressiven Juden in Deutschland, Österreich und der Schweiz gegründet. Das progressive Judentum sieht sich in der Tradition der jüdischen Reformbewegung als Alternative zum orthodoxen Judentum. Es beruft sich unter anderem auf Ideen von Moses Mendelsohn, Israel Jacobsohn, Abraham Geiger, Leopold Zunz, Leo Baeck und Martin Buber.
Wichtigste Merkmale in Abgrenzung zur Orthodoxie sind die Liturgie in Hebräisch und der Landessprache, die Verwendung von Musik in der Liturgie, die Vermeidung von Gebeten, deren Inhalt nicht mehr zeitgemäß ist (z.B. die Bitte um Wiedereinführung des Tieropfers), eine offene Haltung gegenüber Nichtjuden und die absolute Gleichberechtigung von Mann und Frau in allen religiösen Angelegenheiten.
Einige Mitgliedsgemeinden der Union progressiver Juden in Deutschland, Österreich und der Schweiz gehören auch der World Union for Progressive Judaism an. Diese Union war 1926 unter Mitwirkung des deutschen Rabbiners Leo Baeck gegründet worden. Sie vereint heute zahlreiche Gemeinden mit insgesamt 1,6 Mio. Mitgliedern in 46 Ländern. In den USA bildet das progressive Judentum die Hauptrichtung innerhalb der jüdischen Gemeinschaft.

Judaistik, Jüdische Studien und Rabbinerausbildung in Deutschland

Zu Beginn des 19. Jh.s wurde im Zuge der jüdischen Aufklärungsbewegung die Forderung laut, sich wissenschaftlich und kritisch mit dem überlieferten traditionellen Judentum auseinander zu setzen. Innerhalb des europäischen Judentums wurden Möglichkeiten gesucht, den Säkularisierungsprozess zu stoppen. Eine ganze Reihe von neu gegründeten Institutionen widmete sich der „Wissenschaft des Judentums" und bildete Lehrer und Rabbiner nach modernen Maßstäben aus. Mit der Wissenschaft des Judentums wurde sowohl der Grundstein für eine moderne jüdische Theologie gelegt, als auch die Erforschung der Geschichte des Judentums vorangetrieben. Leopold Zunz und Abraham Geiger, führende Vertreter der jüdischen Reformbewegung, kämpften für eine jüdische Hochschule mit staatlicher Zustimmung, in der die Wissenschaft des Judentums als akademische Disziplin anerkannt werden sollte.
Im Jahr 1872 wurde schließlich die Hochschule für die Wissenschaft des Judentums in Berlin eröffnet. Sie war unabhängig von Staats- und Gemeindebehörden. Zum Studium wurden Männer und Frauen gleichermaßen zugelassen, auch die Glaubenszugehörigkeit spielte keine Rolle. In der Zeit des Nationalsozialismus diente die Hochschule der Erwachsenenbildung, bevor sie 1942 geschlossen werden musste.
Nach dem Zweiten Weltkrieg entwickelte sich in der Bundesrepublik Deutschland an verschiedenen Universitäten die Judaistik als Fachbereich aus der Wissenschaft vom Judentum. Die Darstellung des Judentums erfolgte nun nicht mehr nur für sich selbst, sondern wurde in den Zusammenhang der Geisteswissenschaften gestellt.
1979 wurde unter der Trägerschaft des Zentralrates der Juden in Deutschland die „Hochschule für Jüdische Studien Heidelberg" errichtet. Der Nachwuchs von jüdischen Religionslehrern und Kultusbeamten für die jüdischen Gemeinden in Deutschland sollte mit einem breit gefächerten Aus-

Moses-Mendelssohn-Zentrum Potsdam und Abraham-Geiger-Kolleg

bildungsangebot gesichert werden. In Heidelberg wird der Dialog zwischen liberalen, orthodoxen und konservativen Strömungen, zwischen Juden und Nichtjuden versucht. Seit dem Jahr 2001 werden an der Hochschule für Jüdische Studien auch Rabbiner ausgebildet.

Ein weiteres Rabbinerseminar wurde kürzlich in Potsdam eröffnet, das „Abraham Geiger Kolleg". Es steht in der liberalen Tradition und bildet seit dem Wintersemester 2001/02 neben männlichen Rabbinern auch Rabbinerinnen für die europäischen jüdischen Gemeinden aus. Der Name Abraham Geigers, des ersten Leiters der Berliner Hochschule für die Wissenschaft des Judentums (1872), steht für die Weiterführung der Lehrideen dieser Schule, aber auch die Bedürfnisse der heutigen jüdischen Gemeinden in Deutschland müssen in der Ausbildung berücksichtigt werden. Ein Schwerpunkt der Ausbildung liegt auf Osteuropa, da ein Großteil der Gemeindemitglieder Immigranten aus der ehemaligen Sowjetunion sind. Angegliedert ist das Geiger-Kolleg an das Moses Mendelssohn-Zentrum für europäisch-jüdische Studien an der Universität Potsdam. Seit 1994 gibt es an der Universität Potsdam den interdisziplinären Studiengang „Jüdische Studien“. Parallel zu dem Studium an der Universität besuchen die Studierenden das Rabbinerseminar.

Der Rabbiner Walter Jacob eröffnet als Präsident das Rabbinerseminar in Potsdam

Mit der Wiederbelebung der Rabbinerausbildung in Deutschland sucht man, den großen Bedarf an deutschsprachigen Rabbinern, der durch den rapiden Anstieg der Mitgliederzahlen in den jüdischen Gemeinden entstanden ist, zu decken. Im Moment werden über 80 jüdische Gemeinden mit fast 90 000 Mitgliedern von nur etwa dreißig Rabbinern betreut. Die Jüdische Gemeinschaft in Deutschland ist die drittgrößte in Westeuropa und gehört weltweit zu den am stärksten wachsenden jüdischen Gemeinden.

Geschichtlicher Überblick

Der nachfolgende geschichtliche Überblick gibt eine knappe Übersicht über die wichtigsten Daten jüdischer Geschichte. Dabei ist Folgendes zu beachten: Der Beginn des Volkes Israel ist historisch umstritten. Niemand kann genau sagen, welche von den biblischen Geschichten einen historischen Kern haben und wie dieser aussieht. Für das Verständnis des Judentums ist jedoch nicht entscheidend, was sich wirklich abgespielt hat, sondern was der jüdischen Tradition entspricht. Nach streng orthodoxer Vorstellung war alles genau so, wie es die Bibel beschreibt. Deshalb kombiniert der nachfolgende Überblick in der Beschreibung der Frühzeit historisch abgesicherte mit biblischen Daten.

3761	Nach traditioneller Anschauung Beginn der jüdischen Zeitrechnung, Erschaffung der Welt.
ca. 2. Jt.	Zeit der Erzväter. ***Abraham,*** der Stammvater der Juden, wandert aus Mesopotamien, dem nördlichen Zweistromland, nach Kanaan ein. Verheißung Gottes an Abraham (Gen 22). Jakob, Abrahams Enkel, hat 12 Söhne, aus denen die 12 Stämme hervorgehen. Jakobs Sohn Josef wird von seinen Brüdern als Sklave nach Ägypten verkauft, wo er zum engen Berater des Pharaos aufsteigt. Die Israeliten werden in Ägypten versklavt. In Fronarbeit müssen sie dem Pharao riesige Bauten errichten.
ca. 13. Jh.	Auszug aus Ägypten ***(Exodus)***

Exodus und Wüstenwanderung

Moses führt die Israeliten aus Ägypten über das Rote Meer durch die Wüste ins Land Kanaan zurück in die Freiheit (Exodus). Während der vierzigjährigen Wüstenwanderung offenbart sich Gott dem Volk Israel. Moses empfängt die Gesetzestafeln mit den *Zehn Geboten* auf dem Berg Sinai zur Bestätigung des Bundes, den Gott mit Abraham geschlossen hatte. Die Israeliten führen auf ihrer Wanderung die Stiftshütte mit, das Zelt, in dem die Bundeslade aufbewahrt wird. Die Bundeslade, das höchste Heiligtum, enthält die beiden steinernen Gesetzestafeln mit den Zehn Geboten (Ex 25, 10ff).

ca. 1200 Landnahme der Israeliten unter Josua im Land Kanaan.

ca. 1020 Zeit der Könige, Beginn der Monarchie: Saul wird auf Wunsch des Volkes zum ersten König Israels gekrönt, der die Stämme zu einem Volk vereinigt.

ca. 1000 David wird König über ganz Israel. Er macht Jerusalem zur Hauptstadt und weitet sein Königreich aus. Der Staat erhält verschiedene organisatorische Strukturen. Jerusalem wird zum religiösen und kultischen Zentrum. David gilt als begabter Künstler, Harfenspieler und Verfasser von Psalmen.

970–928 König Salomo führt die Zentralisation weiter und baut Handelsbeziehungen zu den umliegenden Staaten auf. Er lässt den ***Ersten Tempel*** in Jerusalem erbauen. Nach Berichten aus dem Buch der Könige sind an diesem Bau 183 300 Männer beteiligt (1Kön 6–8). Zur Regierungszeit König Salomos herrschen Frieden und Wohlstand.

928/26 Zerfall des Königreiches in ein Nordreich Israel und ein Südreich Juda mit der Hauptstadt Jerusalemund Kriege zwischen Israel und Juda.

ca. 720 Untergang des Nordreiches Israel nach schwerer Niederlage gegen die Assyrer.
586 Eroberung Jerusalems durch den babylonischen König Nebukadnezar und Zerstörung des ***Ersten Tempels.*** Mit dem Fall Jerusalems verliert das jüdische Volk die staatliche Selbstständigkeit.
586–538 Nebukadnezar verschleppt den größten Teil des jüdischen Volkes in das ***Babylonische Exil,*** ein Teil ist zuvor nach Ägypten geflohen.
538 Perserkönig Kyros erobert Babylonien und erlaubt den Juden die Rückkehr in ihre Heimat. In Babylon bleibt eine jüdische Gemeinde zurück. Das Leben in der Diaspora beginnt in den bedeutenden Zentren Ägypten und Babylonien.

> *Diaspora* (griech. für „Zerstreuung") ist im jüdischen Kontext die Bezeichnung für das Leben außerhalb Palästinas/Israels. Es wird zwischen einem freiwilligen und einem zwangsweisen Leben in der Diaspora unterschieden.

520–515 Bau des ***Zweiten Tempels*** in Jerusalem.
479 Esther heiratet den Perserkönig Xerxes I. (Purimfest).
332 Beginn der hellenistisch-römischen Periode. Alexander der Große erobert den ganzen Mittleren Osten. Nach Alexanders Tod wird das Königreich unter seine Generäle aufgeteilt. Die Juden im Land Israel beginnen, sich mit der griechischen Kultur auseinanderzusetzen. Viele Juden in der Diaspora sprechen bereits griechisch.
ca. 250 Die Tora wird ins Griechische übersetzt.
175 Antiochus IV. wird neuer Herrscher der Seleukiden, die Juda im Jahr 198 erobert haben. Er führt griechische Kultur und heidnische Bräuche innerhalb seines Herrschaftsgebietes ein (Hellenisierung). Antiochus verbietet den Juden die Ausü-

bung ihrer Religion und funktioniert den Tempel um. Die Mehrheit der verschiedenen Volksgruppen passt sich an und übernimmt die neuen Gebräuche. Einige Juden widersetzen sich. Beginn der ***Makkabäeraufstände*** (Chanukkafest).

164 Nach den erfolgreichen Makkabäeraufständen gegen die Seleukiden wird der Tempel wieder neu geweiht. (Chanukkafest).

63 Eroberung Palästinas durch Pompeius. Beginn der 700 Jahre dauernden römischen Herrschaft.

37–04 v. Chr. Herodes der Große ist König von Juda. Er lässt die Tempelanlage vergrößern.

Der Tempel in Jerusalem

Bis zu seiner Zerstörung (70 n. Chr.) war der jüdische Tempel die zentrale Kultstätte. Täglich wurden nach den Regeln der Tora Brand- und Rauchopfer zur Gottesverehrung dargebracht. Zu den drei großen Wallfahrtsfesten (s. S. 70) pilgerte man auch von weither nach Jerusalem, um im Tempel die vorgeschriebenen Festopfer darzubringen.

Für die Durchführung des Tempelkults waren zahlreiche Priester (Kohanim) zuständig. An ihrer Spitze stand der Hohepriester. Das Priestertum war erblich: die Tora schreibt vor, dass Priester von Aaron, Moses Bruder, abstammen müssen. Den Priestern standen Tempeldiener (Lewiten) zur Seite. Diese mussten Nachkommen von Jakob und dessen erster Frau Lea sein. Die heute verbreiteten jüdischen Familiennamen Kohen und Levi deuten auf eine Abstammung von den ehemaligen Tempelpriestern und -dienern hin.

Heute ist vom ehemaligen Tempel nur noch die ***Westmauer*** *(Kotel)* erhalten. Täglich wird sie von zahlreichen Juden aus aller Welt besucht, die hier in Erinnerung an ihr ehemaliges Heiligtum, den Tempel, beten. Manchmal wird die Westmauer auch „Klagemauer“ genannt – wahrscheinlich, weil hier religiöse Juden am Tischa be-Av die Zerstörung des Tempels beweinen.

um 30 n. Chr. Jesus von Nazareth wird in Jerusalem gekreuzigt.

37–100 Josephus Flavius, bedeutender jüdisch-römischer Geschichtsschreiber.

66–70 Erster jüdisch-römischer Krieg, der auch Aufstand der Zeloten genannt wird. Mit Zeloten werden die radikalen Widerstandskämpfer bezeichnet.

70 n. Chr. Zerstörung des ***Zweiten Tempels*** in Jerusalem durch den römischen Feldherrn und späteren Kaiser Titus.

Zerstörung des Zweiten Tempels

Mit der Zerstörung des Tempels verlieren die Juden ihr zentrales Heiligtum und ihren religiösen Mittelpunkt. Durch den Wegfall des Tempelkults entsteht das Judentum in der Form, die wir heute kennen.

70–135 Beginn des rabbinischen Zeitalters. Die Akademie in Jawne wird neues Zentrum des Judentums.

73 Fall der jüdischen Festung Massada am Toten Meer nach der Eroberung durch die Römer.

132–135 Kaiser Hadrian beschließt, Jerusalem unter dem Namen Aelia Capitolina als römische Kolonie auszubauen. Zweiter jüdisch-römischer Krieg: Simon Bar Kochba gelingt es, für kurze Zeit Jerusalem zurückzuerobern ***(Bar-Kochba-Aufstand).*** Nach der endgültigen Niederschlagung des Aufstandes werden die Juden aus Jerusalem vertrieben. Sie wandern nordwärts und verlagern ihr Zentrum nach Galiläa. Die Römer nennen die Provinz Judäa um in „Syria-Palaestina“.

ca. 200 Redaktion der ***Mischna.***

321 Erster historischer Nachweis für Juden in Köln.

330–638	Byzantinische Periode in Palästina. Entwicklung des Christentums zur Staatsreligion. Jerusalem wird zum Zentrum der christlichen Welt.
ca. 390	Redaktion des ***Palästinensischen Talmuds.*** Babylon wird zum wichtigsten Zentrum der rabbinischen Schriftgelehrten.
500	Redaktion des ***Babylonischen Talmuds.***
638	Muslime erobern Palästina. 450 Jahre muslimischer Herrschaft beginnen.
9.–11. Jh.	Entwicklung und Blütezeit der jüdischen Gemeinden im Rheinland.
1096–1099	Judenverfolgungen und Vernichtung zahlreicher jüdischer Gemeinden während der ***Kreuzzüge.***
1099	Kreuzfahrer gründen ihr Königreich Jerusalem.
1187	Saladin vernichtet das Kreuzfahrerreich. Palästina steht erneut unter muslimischer Herrschaft.
12.–13. Jh.	Das „goldene Zeitalter", die Blüte des jüdischen Geisteslebens in Spanien beginnt. Durch rege Übersetzungstätigkeit erreichen antike klassische Schriften der Medizin und anderer Wissenschaften das christliche Europa.
1235	Erste Ritualmordbeschuldigungen in Deutschland (Fulda). Antijüdische kirchliche Propaganda führt zu einer Verschlechterung des Verhältnisses zwischen Juden und Christen.
Ende 13. Jh.	Entstehung der Kabbala, einer jüdischen Mystik, deren Anhänger auf eine mystische, unmittelbare Vereinigung mit Gott hoffen.
1290	Vertreibung der Juden aus England.
1348–1350	Zerstörung jüdischer Gemeinden in Mitteleuropa. Pestpogrome: den Juden wird vorgeworfen, die Brunnen zu vergiften. Einsetzen der Wanderungsbewegung nach Osteuropa. Die Juden nehmen ihre Sprache, das Jiddische, in ihre neue Heimat mit.

1492 Vertreibung der Juden aus Spanien.
1496/97 Vertreibung der Juden aus Portugal.
15.–16. Jh. Vertreibung der Juden aus den meisten deutschen Städten. Herausbildung des Landjudentums in Deutschland.
1516 Einrichtung des ersten Ghettos in Venedig.
16. Jh. Kirchliche antijüdische Politik.
1516–1917 Palästina unter osmanischer Herrschaft.
1555 Papst Paul IV. ordnet die Ghettoisierung der Juden an. *(„Bulle Cum nimis absurdum")*.
1648 Grausame Pogrome in Osteuropa. Beginn der Rückwanderung nach Westen.
1671 50 aus Wien vertriebene jüdische Familien dürfen sich in Berlin und der Mark Brandenburg niederlassen.
1700–1760 Baal Schem Tow lebt und lehrt in Osteuropa. Er gilt als Begründer des Chassidismus.
1782 „Toleranzpatent" von Kaiser Joseph II. für österreichische Juden (bekommen staatsbürgerliche Pflichten, aber zunächst noch keine Rechte; dennoch Grundlage der Emanzipation).
1791 Nach der Französischen Revolution staatsbürgerliche Gleichstellung der französischen Juden. Die russische Zarin Katharina II. legt die Einrichtung eines Ansiedlungsgebietes für Juden im Westen Russlands fest. Die überwiegend auf dem Land ansässigen Juden müssen in die Städte ziehen und ihre bisherigen Einnahmequellen aufgeben, da ihnen Landbesitz und Wohnrecht in den Dörfern untersagt wurden. Handel und Gewerbe dürfen sie nur noch untereinander betreiben. Das osteuropäische ***Schtetl*** mit seiner besonderen jüdischen Kultur bildet sich heraus.
1796 Volle bürgerliche Gleichstellung der holländischen Juden.
Ende 18. Jh. Beginn der jüdischen Aufklärungsbewegung (Haskala).

Aufklärung

Das Ziel der europäischen Aufklärung wird von Kants berühmtem Satz auf den Punkt gebracht: *Aufklärung ist der Ausgang des Menschen aus seiner selbst verschuldeten Unmündigkeit.* Der Mensch als vernunftbegabtes Wesen soll sich von Fesseln befreien und, verkürzt gesagt, ein mündiger Bürger werden. Vor allem nach der Französischen Revolution zeigte diese Philosophie Wirkung und führte u. a. zur politischen Gleichberechtigung (Emanzipation) der Juden in den meisten Staaten West- und Mitteleuropas. Durch ihren neuen Status als Bürger erreichen die Juden einen wirtschaftlichen und gesellschaftlichen Aufstieg. Viele wenden sich von der traditionellen Form des Judentums ab, das ***Reformjudentum*** entsteht.

Ab 1810	Erste reformierte jüdische Gottesdienste in Deutschland.
1812	Preußisches Emanzipationsedikt. Alle in den preußischen Staaten lebenden Schutzjuden werden privatrechtlich den Christen gleichgestellt.
1848	Bürgerliche Gleichstellung der Juden durch die Frankfurter Nationalversammlung, die nach dem Scheitern der 48er-Revolution wieder aufgehoben wird.
1855	Volle Bürgerrechte für die Juden im osmanischen Reich.
1871	Staatsbürgerliche Gleichstellung der Juden im Deutschen Kaiserreich.
	Die meisten westeuropäischen Juden im ausgehenden 19. Jh. unterscheiden sich weder in Kleidung und Sprache noch in ihren Gewohnheiten von ihrer christlichen Umwelt. Im Gegensatz dazu halten die Juden in Osteuropa zur selben Zeit größtenteils noch streng an ihren traditionellen Regeln fest.

1876	Volle Gleichberechtigung für Juden in der Schweiz.
1881–1882	Pogrome in Russland und der Ukraine, Auswanderung nach Mitteleuropa und in die USA.
ab 1881	Bildung von Vereinen in russischen Städten, die die Kolonisierung Palästinas propagieren.
1882–1908	Erste Auswanderungswelle aus Russland nach Palästina.
1894–1906	Dreyfus-Affäre in Frankreich (offensichtliches Willkürurteil gegen den jüdischen Hauptmann; das Urteil sollte Juden vom Eintritt ins Offizierskorps abhalten, offenbarte aber auch antisemitische Tendenzen; löste Staatskrise aus).
1896	Theodor Herzl erklärt die seit der Aufklärung versprochene Judenemanzipation für gescheitert; seine Schrift „Der Judenstaat" erscheint. Beginn des Zionismus.
1897	Erster Zionistenkongress in Basel.

Zionismus
ist die moderne jüdische Nationalbewegung, die Ende des 19. Jh. in Ost- und Mitteleuropa aufkommt und durch kulturelle Wiederbelebung, politische Organisation sowie Ansiedlung von Juden in Palästina die Grundlagen für die Errichtung des Staates Israel schafft.

1914–1918	Im Ersten Weltkrieg erobert Großbritannien Palästina.
1917	Balfour-Deklaration der Briten, die den Juden ein Heimrecht in Palästina zusichert, aber auch den Grundstein für heutige Konflikte mit den Palästinensern legt.
1922	Die Briten erhalten vom Völkerbund das Mandat für Palästina.
1935	„Nürnberger Gesetze". Juden im Deutschen Reich verlieren ihre Bürgerrechte.

	Massenauswanderungen von Juden aus Deutschland nach Palästina, nach Übersee und in die Nachbarstaaten – Flucht vor dem Nationalsozialismus.
1938	09. November Reichspogromnacht: Zerstörung von Synagogen und jüdischen Geschäften in ganz Deutschland.
1939–1945	Zweiter Weltkrieg, Massenvernichtung der Juden.
1945	Kriegsende.
1948	Gründung des unabhängigen Staates Israel.
1948–1973	Masseneinwanderungen von Juden aus den islamischen Ländern nach Israel.

Juden und Israel

Juden in aller Welt haben eine besondere Beziehung zum Staat Israel.
Nach dem israelischen Gesetz können jede Jüdin und jeder Jude nach Israel einwandern und die israelische Staatsbürgerschaft erhalten.
Viele Juden fühlen sich aber in ihren Heimatländern sehr wohl und möchten lieber dort bleiben, anstatt im Nahen Osten zu leben. Trotzdem fühlen sie sich meist in irgendeiner Weise mit Israel verbunden. Sie unterstützen das Land finanziell, indem sie z.B. Geld für israelische Krankenhäuser oder Schulen spenden oder Bäume pflanzen lassen.
Alle diese Juden wissen, dass sie im Falle einer antisemitischen Bedrohung jederzeit nach Israel fliehen könnten. Diese Fluchtmöglichkeit hatte den Opfern des Nationalsozialismus gefehlt, da der Staat Israel erst 1948, also drei Jahre nach Kriegsende gegründet wurde. Zwar flohen schon viele Juden vorher in das damalige britische Mandatsgebiet Palästina, die Einwanderung wurde von den Briten jedoch stark eingeschränkt. Viele jüdische Flüchtlinge wurden zu jener Zeit in britischen Auffanglagern auf Zypern untergebracht, weil man sie nicht ins Land lassen wollte.

Der Jahrestag der Staatsgründung, der israelische Unabhängigkeitstag, wird von jüdischen Gemeinden überall auf der Welt gefeiert.
Es gibt jedoch auch einige ultraorthodoxe Gruppierungen, die die Gründung des säkularen Staates Israel ablehnen, da sie der Auffassung sind, dass es allein in der Entscheidung Gottes liegt, wann und wie er die Juden in das gelobte Land zurückführt, um sein Reich zu errichten. (s. auch Messias, S. 7 f.)

1949 Aufnahme diplomatischer Beziehungen zwischen Österreich und Israel.
1950 Gründung des Zentralrates der Juden in Deutschland.
1951 Aufnahme diplomatischer Beziehungen zwischen der Schweiz und Israel.
1965 Aufnahme diplomatischer Beziehungen zwischen der Bundesrepublik Deutschland und Israel.
2001 Jüdische Gemeinden in Deutschland zählen fast 90 000 Mitglieder, in Österreich ca. 8 000 Mitglieder, in der Schweiz etwa 20 000.

Informationsquellen

Weiterführende Literatur

Donin, Chajim Halevy (Rabbiner): Jüdisches Leben. Eine Einführung zum jüdischen Wandel in der modernen Welt. Zürich: 1987.
Encyclopedia Judaica. (engl.), 16 Bände, Jerusalem: 1971. Auch als CD-Rom.
Nachama, Andreas/Sievernich, Gereon: Jüdische Lebenswelten. Ausstellungskatalog, Berlin: 1991.
Schoeps, Julius H. (Hrsg.): Neues Lexikon des Judentums. Gütersloh/München: ³2000.
Stemberger, Günter: Einleitung in Talmud und Midrasch, München: ⁸1992.
de Vries, S. Ph.: Jüdische Riten und Symbole. Wiesbaden: ⁷1994.

Internet-Adressen

Die in diesem Werk angegebenen Internetadressen haben wir überprüft (Redaktionsschluss 31.10.01). Dennoch können wir nicht ausschließen, dass unter einer solchen Adresse inzwischen ein ganz anderer Inhalt angeboten wird.

http://www.hagalil.com
Umfassende Informationen über das jüdische Leben in Deutschland mit sehr guter Suchmaschine.

http://www.talknet.de/~chajmg/gewfra.htm
Einführung in geschichtliche Aspekte des Judentums und in wichtige Grundbegriffe.

http://judentum.purespace.de/
Jüdisches Leben – jüdischer Alltag.

http://www.talmud.de/
Jüdisches Leben.

http://members.tripod.de/Alejnu/alejnuarche.htm
Private Homepage von Alejnu zum Judentum mit weiterführenden Links.

http://www.maven.co.il
Suchmaschine.

http://www.shamash.org
Shamash. The Jewish Network.

http://www.ecjc.org
European Council of Jewish Communities.

http://www.meome.de
Jüdisches Leben, mit Schwerpunkt Österreich.

Jüdische Museen (Auswahl)

Deutschland
Augsburg
Jüdisches Kulturmuseum Augsburg-Schwaben
Halderstraße 08, 86150 Augsburg
Tel. +49-821-51 36 58
http://www.augsburg.de

Berlin
Jüdisches Museum Berlin
Lindenstr. 9-11, 10969 Berlin
Tel. +49-30-30 87 85-681, Fax +49-30-25 993 409
http://www.jmberlin.de

Neue Synagoge Berlin - Centrum Judaicum
Oranienburger Str. 28/ 30, 10117 Berlin
Tel. +49-30-88 028-451, Fax +49-30-2821176
http://www.cjudaicum.de/

Braunschweig
Braunschweigisches Landesmuseum, Jüdische Abteilung
Hinter Aegidien, 38100 Braunschweig
Tel. +49-531-25 59
http://www.landesmuseum-bs.de

Dorsten
Jüdisches Museum Westfalen
Julius-Ambrunn-Str. 01, 46256 Dorsten
Tel. +49-2362-45 279, Fax +49-2362-45 386
http://www.pomoerium.com/museum.htm

Essen
Alte Synagoge
Steeler Straße 29, 45127 Essen
Tel. +49-201-88 45 218, Fax +49-201-88 45 225
http://www.essen.de/kultur/synagoge/lage.htm

Frankfurt am Main
Jüdisches Museum Frankfurt am Main
Untermainkai 14/15, 60311 Frankfurt am Main
Tel. +49-69-212-35 000, Fax +49-69-212 30 705
http://www.juedischesmuseum.de

Museum Judengasse
Dependance des Jüdischen Museums
Börneplatz, 60311 Frankfurt
Tel. +49-69-297 74 19

Fürth
Jüdisches Museum Franken in Fürth
Königstr. 89, 90762 Fürth
Tel. +49-911-77 05 77, Fax +49-911-74 17 896
http://www.juedisches-museum.org/fuerth.html

Göppingen
Jüdisches Museum Göppingen
Boller Str. 82, 73035 Göppingen-Jebenhausen
Tel. +49-7161-44 600
http://www.lpb.bwue.de/gedenk/gedenk11.htm

Gröbzig
Museum Synagoge Gröbzig
Lange Straße 8-10, 06388 Gröbzig
Tel. +49-34 976-2 22 09
http://www.groebzig.de

Halberstadt
Berend-Lehmann-Museum Halberstadt
Judenstr. 25/ 26, 38820 Halberstadt
+49-3941-60 67 10, Fax +49-3941-60 67 13
http://www.halberstadt.de

Hamburg
Museum für Hamburgische Geschichte, Jüdische Abteilung
Holstenwall 24, 20355 Hamburg
Tel. +49-40-350 423 60
http://www.HamburgMuseum.de

Köln
Kölnisches Stadtmuseum, Jüdische Abteilung
Zeughausstraße 1-3, 50667 Köln
Tel. +49-221-23 52
http://www.museenkoeln.de

Rendsburg
Jüdisches Museum Rendsburg und Dr.-Bamberger-Haus
Prinzessinnenstr. 7 + 8, 24768 Rendsburg
Tel.: +49-4331-25 26 2, Fax: +49-4331-24 71 4
http://www.juedisches-museum-rendsburg.via.t-online.de

Schnaittach
Jüdisches Museum Schnaittach
Museumsgasse 12-14, 91220 Schnaittach
Tel. +49-9153-77 05 77, Fax +49-911-74 17 896
http://www.juedisches-museum.org/schnaittach.html

Veitshöchheim
Jüdisches Kulturmuseum und Synagoge
Thüringersheimer Straße 17, 97209 Veitshöchheim
Tel. +49-931-900 96 21
http://www.veitshoechheim.de/juedisches_kulturmuseum_und_synagoge.htm

Worms
Jüdisches Museum im Raschi-Haus in Worms
Hintere Judengasse 06, 67547 Worms
Tel. +49-6241-853 47 01 und 37 07, Fax +49-6241-853 47 10
http://www.worms.de/kultur/museen/raschihaus.html

Österreich
Eisenstadt
Österreichisches Jüdisches Museum, Wertheimerhaus
Unterbergstraße 06, 7000 Eisenstadt
Tel. +43-26 82
http://www.oejudmus.or.at

Hohenems
Jüdisches Museum Hohenems
Villa Heimann-Rosenthal
Schweizer Str. 05, 6845 Hohenems
Tel. +43-5576-73 989-0, Fax +43-5576-77 793
http://www.jm-hohenems.at

Wien
Jüdisches Museum Wien
Dorotheergasse 11, 1010 Wien
Tel. +43-1-535 04 31, Fax +43-1-535 04 24
http://www.jmw.at

Schweiz
Basel
Jüdisches Museum der Schweiz
Kornhausgasse 08, 4051 Basel
Tel. 061-261 95 14
http://www.museenbasel.ch

Bibliotheken und Institute (Auswahl)

Deutschland
Frankfurt am Main
Stadt- und Universitätsbibliothek Frankfurt am Main, Sondersammelgebiet Judentum
http://www.stub.uni-frankfurt.de/ssg/judaica.htm

Hamburg
Institut für die Geschichte der deutschen Juden
Rothenbaumchaussee 07, 20148 Hamburg
Tel. +49-40-42 838 26 17 und 18, Fax +49-40-44 80 866
http://www.rrz.uni-hamburg.de/igdj/adress.htm

Heidelberg
Hochschule für Jüdische Studien
Friedrichstraße 09, 69117 Heidelberg
Tel. +496221-2 25 76
http://www-uni.urz.uni-heidelberg.de/institute/sonst/hjs

Köln
Germania Judaica
Kölner Bibliothek zur Geschichte des deutschen Judentums
Josef-Haubrich-Hof 01, 50676 Köln
Tel. +49-221-232 344, Fax 0221-24 06 963
http://www.stbib-koeln.de/judaica/

Potsdam
Moses Mendelssohn Zentrum für europäisch-jüdische Studien,
Am Neuen Markt 08, 14467 Potsdam
Tel. +49-331-28 09 413
http://www.uni-potsdam.de/u/mmz/m1ueb.htm

Österreich
St. Pölten
Institut für die Geschichte der Juden in Österreich
Dr. Karl-Reumer-Promenade 22, 3100 St. Pölten
Tel. +43-2742-77 171-15, Fax +43-2742-77 171-15
http://www.members.magnet.at/injoest/index.html

Wien
Institut für Judaistik der Universität Wien
Univ. Campus, Hof 7.3, Spitalgasse 2, 1090 Wien
Tel. + 43-(0)1-4277 43301, Fax +43(0)1-4277 9433
http://www.univie.ac.at/Judaistik/

Schweiz
Luzern
Institut für Jüdisch-Christliche Forschung, Luzern
Kasernenplatz 3, Postfach 7455, 6000 Luzern 7
Tel. 041-228 55, 35, Fax 04- 228 72-27
http://www.unilu.ch/ijcf

Zürich
Zentralbibliothek Zürich, Fachreferat Hebraistik, Judaistik
Zähringerplatz 6, 8025 Zürich
Tel. 0411 268 3211
www-zb.unizh.ch/vb/vb-juda/index.htm

Zentralrat der Juden in Deutschland
Leo Baeck Haus, Tucholskystraße 09, 10117 Berlin
Tel. +49-30-28 44 56 0, Fax +49-30-28 44 56 13
http://www.zentralratdjuden.de

Verband der Israelitischen Kultusgemeinden in Österreich
Seitenstettengasse 04, 1010 Wien
Tel. +43-222-531 04-0

Schweizer Israelitischer Gemeindebund (SIG)
Gotthardstrasse 65, 8002 Zürich
Tel. +41-1-201 5583, Fax +41-1-31 352 8342

Bildnachweis

S. 34, 44, 45, 73, 82, 83: DORONIA Versand GmbH, Katalog Nr. 8: „Einkaufen wie in Israel"
Anschrift: DORONIA GmbH
Postfach 101133, 70010 Stuttgart
www.doronia.de
tel. 0711-6070995, fax 0711-6070997
S. 36: Lukas Roth, Köln; S. 85: Edward Serotta, Wien
Porträtzeichnungen: Klaus Müller, Berlin
Grafik: Rainer Fischer, Berlin
Die restlichen Abbildungen haben dankenswerterweise die Autorinnen und ihre Freunde zur Verfügung gestellt: Familie Kimmel, Stefan Krikowski, Anne Lipphardt, André Lobenstein und Beate Reupke
Nicht in allen Fällen war es uns möglich den Rechteinhaber ausfindig zu machen. Berechtigte Ansprüche werden selbstverständlich im Rahmen der üblichen Vereinbarungen abgegolten. Wir bitten um Verständnis.

Register